W0235636

Li Yü · Die vollkommene Frau

Li Yü
Die vollkommene Frau

Das chinesische
Schönheitsideal

Gustav Kiepenheuer Verlag

Aus dem Chinesischen übertragen und eingeleitet
von Wolfram Eberhard. Der Text ist eine erweiterte
Neufassung einer Arbeit, die zuerst 1940 in der
Ostasiatischen Zeitschrift in Berlin erschien.
Mit zwanzig Holzschnitten aus einer alten
Holzschnittfassung der Porträts der
›Hundert berühmtesten Schönheiten des Reiches‹
im Besitze des Verlegers.

© 1963 Verlag Die Waage Zürich

ISBN 3-378-00330-8

Hat man einen Sohn,
*   so lehre man ihn nicht Bogen und Armbrust,*
Hat man eine Tochter,
*   so lehre man sie nicht singen und tanzen:*
Wer Bogen und Armbrust erlernt,
*   stirbt auf dem Schlachtfeld,*
Wer tanzen und singen erlernt,
*   wird eine Nebenfrau …*

Vorwort

Eine schöne Frau muß für den Chinesen so sein wie eines seiner Bilder, auf denen ein paar wuchtige Pinselstriche eine Landschaft, Berge, Nebel, Wanderer hinzaubern. Jeder Pinselstrich ist unwiderruflich, man kann nicht nachziehen, radieren, überdecken, die Tusche ist zu tief eingezogen in die Seide oder das Papier. Jedes Bild ist ein Werk aus einem Guß. Und so soll die schöne Frau auch sein, gleichmäßig vollkommen. Ihr Äußeres muß zugleich der Ausdruck ihres Inneren, ihres Charakters sein. Ihre Anmut muß ihren Körper durchdringen und ihn überstrahlen, so wie in einem guten chinesischen Bild die unberührte weiße Fläche zwischen den einzelnen schwarzen Pinselstrichen zu leben scheint. Nicht jede Frau kann äußerlich schön sein, aber jede kann anziehend sein, wenn sie Geschmack hat. Und Geschmack ist das Gefühl für das, was zu einem paßt, innerlich und äußerlich. Das will Li Yü in seinem Büchlein über die Frauen ausdrücken. Darauf nur kommt es ihm an.

Jedes Volk und jede Zeit hat ein eigenes Schönheitsideal. Jedes Volk und jedes Jahrhundert stellt an seine Frauen verschiedene Anforderungen. Die Chinesin des 17. Jahrhunderts war keine Rokokodame und keine Chinesin von heute. Aber sie war ähnlich zart, ein ähnlich gebrechliches Spielzeug wie eine Rokokodame;

und die Chinesin von heute hat noch die gleichen, unendlich weichen Linien, die gleiche königliche Haltung wie sie. Die Chinesin des 17. Jahrhunderts war keine Kameradin ihres Mannes, sie war die Mutter seiner Kinder und Herrin des Hauses, oder sie war sein Spielzeug und seine Leidenschaft, nie beides. Sie hatte wenig Rechte, wenig freien Willen, so wie ein Spielzeug keine Rechte und keinen Willen hat, und doch gehorchten vielleicht damals mehr Männer ihren Frauen als heute. Die Sitten wandeln sich. Für Li Yü war es selbstverständlich, daß ein Mann außer seiner Frau noch eine Nebenfrau hatte. Er stellt sich nie die Frage, ob die Frauen damals glücklich waren, glücklich sein konnten, und doch dürfen wir ihm und anderen Zeitgenossen glauben, daß sie nicht viel unglücklicher waren als die Frauen bei uns.

Denn nur Männer schreiben Bücher über Frauen, nur Männer schreiben, wie die ideale Frau sein muß. Die Frau weiß es selbst, sie fühlt es, sie braucht es nicht zu schreiben. Sie nimmt es in Kauf, als kleines, kostbares Spielzeug dargestellt zu werden, nimmt es in Kauf, die zweite Frau zu sein, und wehrt sich nicht dagegen – weil sie es nicht nötig hat, wenn sie eine echte Frau ist.

Li Yü (1610–1680) hatte ein langes Leben hinter sich, als er diese Aufzeichnungen über die Frauen schrieb (1671). Seine Familie stammte aus Lan-tji in Südost-China, wo er ein kleines Landgut besaß, das er später verkaufen mußte. Wie jeder junge, gebildete und wohlhabende Mann der Zeit versuchte er, die staatlichen

Examina zu machen, bestand aber nur das erste, als die Mandschu über China hereinbrachen, die chinesische Ming-Dynastie vertrieben und ihre eigene Dynastie einsetzten (1644–1911). Von diesem Zeitpunkt an hat Li Yü nicht mehr versucht, in den Staatsdienst zu gehen; wie so viele wollte er nicht den fremden Herren dienen, nachdem er früher seinem nationalen Herrscherhaus zu dienen getrachtet hatte.

So wurde aus Li Yü nie ein Politiker. Er ist auch nie ein Gelehrter des üblichen Typs geworden. Dafür ist er einer der ersten Vertreter eines neuen Menschentyps. In den letzten Jahrhunderten der Ming-Herrschaft hatten sich in den großen Städten des Yangtse-Gebietes, im Hinterland von Shanghai, eine beträchtliche Industrie und ein lebendiges Handelsleben entwickelt. Baumwolle aus Nordchina wurde eingeführt, bei Shanghai verarbeitet, gefärbt, gepackt und weiterverkauft. Einzelne Unternehmer hatten über hundert Webstühle und so viele Arbeiter, daß wir von den ersten Streiks der Weber hören. Hier in diesen Städten lebte ein neues Bürgertum: der reiche Salzhändler; der Silberhändler, der Geld nach allen Teilen des Landes verschifft; der Getreidehändler, der die Armeen an der mongolischen Grenze verpflegt. Diese Großkaufleute stammten aus führenden Familien und waren gebildet. Sie wurden zu Patronen der Kunst und der Künstler, wie ihre Kollegen in Italien zur gleichen Zeit.

Li Yü ist ihr Mann. Er schrieb zehn Theaterstücke, von denen einige bis zum heutigen Tag aufgeführt werden. Er stellte eine eigene Theatergruppe zusammen und bereiste mit ihr ganz China. Er betrieb für mehrere Jahre einen feinen Buchladen in Nanking und veröffentlichte eines der bekanntesten Handbücher der Malerei, ›Das Buch von der Malerei aus dem Senfkorngarten‹ (1679), zu dem er ein Vorwort schrieb. Er setzte sich für den Farbholzschnitt ein; schrieb zahlreiche Novellen und Gedichte; verfaßte zwei große Romane (einer von diesen, das Jou Pu Tuan, ist von Franz Kuhn verdeutscht); schrieb Essays über das Theater, über Architektur, über schöne Frauen und sogar über gutes Regieren. In den letzten fünfunddreißig Jahren seines Lebens, von denen er viele in bitterer Armut verbrachte, reiste er von einem Gönner zum anderen, führte ihnen in ihren Häusern seine neusten Schauspiele vor mit seiner eigenen Truppe; saß mit ihnen zusammen und trank und dichtete; beriet sie in ihren Sorgen um ihren Beruf oder um ihre Frauen; vertrieb ihnen die Zeit mit seinen Novellen und Essays.

Er liebte seinen Garten in Nanking, der so klein ›wie ein Senfkorn‹ war, und später seinen ›Stufen-Garten‹ auf einem Berg am Westsee bei Hang-tschou, wo er zum ›Alten Fischer am See‹ (sein Beiname: ›Li-weng‹) wurde. Er liebte seine Nebenfrau Tjiao-dji, zugleich der Star seiner Theatertruppe. Das Leben ließ ihm wenig Zeit zum echten Genuß, und doch liebte er das Leben. Das spricht aus jeder Zeile dieses kleinen Buches, das einen Teil seiner gesammelten Werke bildet.

Unsere Übertragung ist aus der Gesamtausgabe von Li Yü, ›Li-weng I-chia- yen‹, Ausgabe des Verlages Huiwen-t'ang in Shanghai (ohne Jahr), und zwar der Abteilung ›Li-weng Ou-chi‹ entnommen. Kapitel 3 ist ganz übersetzt mit Ausnahme von zwei Einschaltungen und ein paar einzelnen Sätzen, die nicht zum Thema gehören; aus Kapitel 6 stammt der Abschnitt über das Baden. Unser fünftes Kapitel ist ein geschlossener Abschnitt im Kapitel 6 des Li-weng Ou-chi.

W. Eberhard

Ich liebe den Abend im Dorf am Fluß.
Die Bauern sind erschöpft,
sie schwatzen im Bonnenzelt,
und jedes ihrer Worte enthält ein Gedicht.

Ich liebe den Abend im Dorf am Fluß.
Überall gären weiße Wolken,
die Tür gegenüber ist nicht mehr zu sehen,
aber Hühner und Hunde vermögen einander zu hören.

Ich liebe den Abend im Dorf am Fluß.
Vor meinem Tor steht kein Wagen eines feinen Mannes.
Ich trinke am Wegrand mit Freunden Wein:
die meisten von ihnen sind Holzsammler und Fischer.

I. Das Aussehen der schönen Frau

1. Einleitung

Gefühl für Schönheit ist Naturanlage – so im Menschlichen bedingt wie die Notwendigkeit zu essen. Wer nichts von menschlicher Schönheit kennt, hat keine Augen. Und so konnten die alten Weisen auch hierüber sprechen, ohne die Gefühle anderer zu verletzen, denn es ist etwas Natürliches, etwas, das sich nicht wegleugnen läßt. Natürlich: wenn ich die schöne Frau oder die bezaubernde Nebenfrau eines anderen liebe, dann verletze ich dessen Gefühle, und meine Liebe ist nicht nur ein Mangel an Moral, sondern sie kann sogar zu meinem Tode führen; liebe ich aber meine eigene Frau oder Nebenfrau, so kommt das ganz aus meiner Natur, und kämen heute die alten Heiligen wieder, so sagten sie dasselbe, was ich im Innersten fühle: das wäre kein Mangel an Moral.

Konfuzius hat einmal gesagt, wer reich und hochgestellt ist, sollte sich auch entsprechend benehmen. Wer sich aber keine Nebenfrauen kauft, obwohl er dazu in der Lage ist, ist reich und hochgestellt und benimmt sich, als wäre er arm und gering. Das Wesen des kultivierten Mannes entspringt aus den Empfindungen, wie kann also ein solcher Mann übertrieben einfach und sparsam sein? Nur jemand natürlich, der ein ›Löwengebrüll im Hause‹* hat, muß sich hinter solchem Vorwand verstecken, denn ihm würde seine Liebe nur Haß

und sein Gefühl nur Verderben bringen, andere Vorwände würden ihm nichts helfen. Der Himmel hat ihn gestraft.

Ich bin mein ganzes Leben lang immer ein armer Gelehrter gewesen und habe es immer schlecht gehabt. Nicht nur, daß ich kaum je eine wirkliche Schönheit gesehen habe, kaum je auf einen ›himmlischen Duft‹ gestoßen bin, nein, selbst grobgesichtige und häßliche Frauen habe ich doch auch nur wenig gesehen. Und ich fürchte, wenn ich jetzt schwatze über Aussehen und Schönheit, wenn ich rede über Singen und Tanzen, dann werden die, die in Blumen träumen und unter Weiden schlafen, nur über mich lachen. Aber, wenn auch mein äußeres Schicksal nicht gut war: in manchem erlebte ich doch sehr Schönes! Dinge, die ich in der Wirklichkeit nicht erleben durfte, habe ich in der Vorstellung erlebt, und solche wunderbaren Vorstellungen haben mich viel stärker beeindruckt, als wenn ich ein Trunkener im ›Lande der Weichheit und Wärme‹ gewesen wäre. Sie mögen das nicht glauben, aber Sie können es an einem Beispiel aus der Vergangenheit nachprüfen: Der König Hsiang von Tschu* hatte in seinen sechs Palästen tugendhafte Frauen, seine privaten Gemächer waren nicht einsam, jede Art der Liebe konnte er erleben. Und doch hat man nie darüber etwas gehört durch all die Tausende von Jahren, die seitdem vergangen sind. Aber dieser eine Traum von der Liebesterrasse ist überall bekannt. Wo ist denn heute die Liebesterrasse? Wo wohnt sein Göttermädchen? Und was heißt, daß sie morgens die Wolken brachte und abends den Regen? Kann man irgend etwas davon nachprüfen? Kann man es irgend genau erzählen? Es war alles Phantasie, und diese Wunder der Phantasie sind zehnmal schöner als die der Wirklichkeit, und darum werden nur sie durch die Jahrtausende erzählt, zehnmal mehr als wirkliche Geschichten. Und wer über Frauenschönheit sprechen will, muß immer in das Dunkel der Phantasie gehen.

Ich bitte also alle meine Leser, die wissen möchten, wo ich das gelernt habe, worüber ich schrieb, an die Geschichte von der Liebesterrasse des Königs von Tschu zu denken.

2. Die Anmut der Frau

Die Alten sagten: Nur das Vollkommene kann den Menschen mit sich reißen! Aber was ist an einer Frau ›das Vollkommene‹? Es ist die Anmut. Wenige wissen das. Man meint, das Vollkommene sei Schönheit. Man weiß nicht, daß äußere Schönheit zwar schön ist, aber doch nur etwas Äußeres. Wie kann einen so etwas mitreißen? Erst wenn die Anmut dazukommt, ist Vollkommenheit da. Wenn jemand behauptet, schon Schönheit allein wäre Vollkommenheit und könnte einen mitreißen: wie kommt es denn, daß die Schönheiten auf der Seide, die berückenden Frauen auf den Gemälden von heute, die doch in ihrer Schönheit zehnmal vollkommener sind als die lebenden Menschen, keinen fortreißen und ihn krank vor Sehnsucht werden lassen? Nein, die Anmut darf eben nicht fehlen! Anmut ist am Menschen wie das Brennen beim Feuer, das Leuchten bei der Kerze, das Funkeln bei kostbaren Steinen, Gold und Silber. Es ist etwas Geistiges, nichts Materielles. Nur, weil es so ist, als sei es materiell, ohne es doch zu sein; als hätte es Form, ohne sie zu haben, darum ist es das ›Vollkommene‹. Vollkommenheit ist etwas Seltsames, das sich nicht erklären läßt. Da ist ein Mädchen, das man nur einmal gesehen hat und an das man nun immer denken muß. Man gibt alles hin, um zu erreichen, mit ihr zu leben, das ist eben das Unerklärliche, Seltsame. Gerade an der Anmut kann man erkennen, welche Künstler Himmel und Erde bei der Schöpfung des Menschen waren, wie geschickt die Götter bei der Formung der Wesen waren. Wäre ich der Schöpfer, es wäre mir nicht schwer, die Form des Körpers dem Menschen zu geben, den Verstand ihm zu geben; aber dieses eine Ding, das kein Ding ist, dieses Etwas, das gestaltlos ist, aber doch ist, als hätte es Gestalt, die Anmut, die kann niemand ändern und umformen, niemand kann sie hinzubringen, wenn sie nicht da ist, oder sie wegbringen, wenn sie einmal da ist.

Anmut macht nicht nur eine schöne Frau noch schöner, eine berückende Frau noch berückender, sie macht auch eine alte Frau jung und eine häßliche schön; sie zaubert auch bei uns Gefühle hervor, wenn keine da waren, und fängt einen ein, ohne daß man es merkt. Ein Mädchen mit Anmut und nur wenig Schönheit kann eine Schönheit ausstechen. Stellt nur einmal eine fast vollkommen schöne Frau mit einer nur wenig

schönen, aber mit Anmut begabten Frau zusammen: die Männer werden nur die wenig schöne lieben und nicht die andere! Anmut ist nicht nur einmal, sondern zweimal wichtiger als Schönheit. Stellt einmal eine Frau mit nur wenig Schönheit, aber ohne Anmut neben eine andere, an der absolut nichts schön ist, die dafür aber Anmut hat, und laßt beide ein paar Worte mit anderen Menschen wechseln: Die Menschen werden nur durch die Anmut berückt werden, nicht durch die Schönheit. So kann Anmut nicht nur geringer Schönheit zum Siege über große Schönheit verhelfen, sondern sogar mangelnde Schönheit zum Siege über vorhandene Schönheit bringen. Die Mädchen von heute können abgesehen von all ihrer Schönheit einen Mann unermüdlich an sich denken machen, einen Mann dazu bringen, sein Leben zu opfern, um sie zu erlangen; all das wird nur durch dieses eine, die Anmut, hervorgerufen. So weiß man, daß das Auswählen einer Frau nach Aussehen und Schönheit durchaus nicht so wichtig ist wie das Auswählen allein nach ihrer Anmut.

Anmut kommt vom Himmel, man kann sie nicht gezwungen machen. Erzwungene Anmut vergrößert nicht nur die Schönheit nicht, sondern hebt nur die Häßlichkeit noch mehr hervor. Die gleiche Wange kann bei der Schönheit Hsi-shih* verlockend sein, aber bei der groben Dung-shih hassenswert, das ist eben der Unterschied zwischen Natürlichem und Gezwungenem. Wie der Teint, das Gesicht, die Augenbrauen und die Augen sein sollen, darüber kann man Regeln aufstellen. Nur von der Anmut kann ich zwar in meinem Innern eine Vorstellung haben, aber mit meinem Munde kann ich nicht darüber sprechen. Beschreiben kann man das Faßliche, aber nicht das Vollkommene. Ach, man kann es andere Menschen wissen machen, man kann es sie auch wollen machen, aber mit Worten kann man nicht aussprechen, was es ist und wie es ist. Ist das nicht eines der größten Wunder zwischen Himmel und Erde, etwas von alters her bis heute Unerklärliches?

Da hielt man mir aber entgegen: »Wenn du schön über Anmut sprichst und dann darüber nichts aussagst, dann ist das doch sinnlos. Willst du nicht wenigstens denen, die Frauen schätzenlernen wollen, einen ganz allgemeinen Hinweis geben?« Und ich sagte: »Wenn es nicht anders geht, will ich darüber sprechen und will ein paar Beispiele aus meinen Erlebnissen geben. Ich war einmal in Wei-yang, wo ich für einen vornehmen Mann eine Nebenfrau aussuchen sollte. Ganz verschieden waren die Frauen, die da geputzt vor mir erschienen waren. Zuerst standen sie alle mit gesenktem Kopf da, und als man ihnen dann befahl, den Kopf zu heben, da war eine, die sich nicht schämte und die gleich den Kopf hob. Eine andere schämte sich sehr und war verlegen und hob den Kopf erst nach mehrmaliger Aufforderung. Und dann war da eine, die ihn erst auch nicht hob, dann nach Zureden hob, erst einen Blick warf, als schaute sie einen an, ohne einen in Wirklichkeit anzusehen, dann den Blick wieder abfing und erst nun den Kopf richtig hob. Als alle sie angesehen hatten, schaute sie sie nochmals mit einem Blick an und senkte dann den Kopf wieder: das war Anmut. – Und dann erinnere ich mich, daß ich einmal auf einer Frühlingsreise vom Regen überrascht wurde und in einem Pavillon Schutz suchte, wo zahlreiche Mädchen hinflüchteten, schöne und häßliche, eine nach der anderen. Unter ihnen war auch eine arme Frau von etwa dreißig Jahren in einem einfachen, weißseidenen Kleid. Alle anderen eilten und drängten in den Pavillon hinein, während sie allein unter der Traufe entlangging, weil drinnen nicht Platz genug war. Die anderen hoben alle ihre Kleider hoch, damit sie nicht so naß würden; sie allein ließ sie, weil sie unter der Traufe ja doch naß geworden waren und sie nur eine unschöne Haltung gezeigt hätte. Als der Regen aufzuhören begann, gingen all die anderen. Sie allein zögerte ein wenig und ging später, und als es nach ein paar Schritten nochmals zu regnen anfing, ging sie in den Pavillon. Jetzt war sie zuerst drin und hatte den besten Platz durch ihre Überlegung. Aber trotzdem, sie war keine schöne Frau! Die später zurückkommenden anderen Frauen mußten nun unter der Traufe stehen, und ihre Kleider wurden noch viel, viel nässer als vorher. Da ragte diese eine arme Frau an Anmut hundertfach über die anderen hinaus, als sie nun ihre Kleider glattstrich; es war, als ob der Himmel alle Häßlichkeit um sie versammelt habe, um ihre Schönheit hervorzuheben. Es war, vom Beschauer aus betrachtet, gewahrte Anmut, daß sie sich das erste Mal nicht bewegte; es war freie Anmut, daß sie sich nachher bewegte im Pavillon. Aber mußte sie, als es das zweite Mal zu regnen begann, erst überlegen, um ihre

Anmut zeigen zu können? Ihre verhaltene Anmut war unbewußt, und auch ihre freie Anmut war unabsichtlich, aus keiner Überlegung entsprungen. Beides kam aus ihrer Natur heraus. Ehe man ihre verhaltene Anmut bemerken konnte, zeigte sie eine Art Scham und Hilflosigkeit unter der Traufe, die Liebe in einem erweckt und Mitgefühl. Sie hatte es nicht nötig, das zu zeigen, damit man es merke.

Diese beiden Erlebnisse geben ein paar Andeutungen über die Anmut bei Frauen, aus denen man weitere Schlüsse ziehen kann. Ach, diese dreißigjährige arme Frau, nur ein klein wenig anders angezogen, sie hätte eine sechzehnjährige Schönheit und eine Frau mit Perlen und Eisvogelfedernschmuck weit hinter sich gelassen. Wie zart ist doch der Hauch der Anmut.«

Man fragte mich: »Durch Unterweisung kann man sogar zum Heiligen und zum Gott werden. Wie sollte man allein Anmut nicht lernen können?« Ich erwiderte darauf: »Lernen kann man sie vielleicht, nur nicht lehren!« Und wieder fragte man mich, wie man sie denn lernen könne, wenn man sie nicht lehren könne? Ich antwortete: »Vielleicht kann eine Frau ohne Anmut beeinflußt werden, wenn sie Tag und Nacht mit einer Frau mit Anmut zusammen ist, so wie die Wicken, wenn sie zwischen dem Hanf wachsen, auch ohne Stütze von selbst gerade wachsen oder wie sich gelegentlich die Wildenten in Turteltauben verwandeln, durch eine innere Beeinflussung. Aber, wenn man ihnen das erzählen sollte, so würde ein riesiger Wälzer daraus, man wüßte nicht, wo man eigentlich beginnen sollte, und außerdem würde man sie wohl, je mehr man darüber spräche, nur um so steifer machen.«

3. Der Teint der Frau

Frauen können auf viele Arten bezaubern, aber ihre äußere Erscheinung ist doch immer das wichtigste.

Heißt es nicht schon im Buch der Lieder, daß man die Muster auf den einfarbigen Grund aufträgt? Und einfarbig ist weiß: weiß ist auch für die Frauen die Grundfarbe. Nur ist wirklich weißer Teint sehr selten. Wie oft sieht man Frauen, die vollkommene Augenbrauen, Augen, vollkommenen Mund und Zähne haben, bei denen nur der Teint nicht vollkommen ist. Ist etwa der Schöpfer, als er die Menschen schuf, so gewesen wie ein Färber, der schon die Farbenmuster aufträgt, ehe er sich bemüht hat, den Stoff zu bleichen? Nein! Denn das Weiß ist schwer zu erreichen, das Auftragen der Farben nachher leicht. Wie komme ich dazu, das zu behaupten? Man muß bei allen Dingen sich immer überlegen, woraus sie entstehen und welche Farbe sie im Anfang haben, dann kann man erschließen, was sich daraus entwickelt. Und was ist am Anfang des Menschen? Samen und Blut. Samen ist weißlich, und Blut ist rot bis violett. Wenn eine Schwangerschaft durch viel väterlichen Samen hervorgerufen wird, dann wird das Kind immer weiß sein. Wenn väterlicher Samen und mütterliches Blut gleichmäßig gemischt sind oder wenn gar das Blut viel und der Samen gering war, dann wird das so gezeugte Kind zwischen dunkel und hell stehen.* Wenn solche Mädchen später gut genährt werden und sich viel im Haus aufhalten, so können sie noch heller werden, weil ihre Grundfarbe eben nicht rein dunkel war. Hierzu gehören etwa die Frauen, die in der Jugend dunkel und erst später hell waren. War aber schon die Grundanlage dunkel und keine helle Komponente da, dann kann man gemahlenen Bergkristall oder Wolkenmutter einnehmen, in Palästen aus Jade oder Häusern aus Achat wohnen, und doch besteht keine Hoffnung, heller zu werden. Solche Frauen können noch von Glück sagen, wenn sie so bleiben, wie sie sind, und nicht je älter sie werden, desto mehr nachdunkeln. Hierzu gehören die Frauen aus reichen Häusern, die nicht hell sind und auch bis ins Alter keinen hellen Teint bekommen.

Wenn man das über die angeborenen Anlagen weiß, so weiß man auch, daß die anzuwendenden Methoden genauso werden müssen wie beim Färber, wenn er Kleider zum Färben annimmt. Soll er weiße Kleider schön machen, so nimmt er sie an und hat leichte Arbeit damit. Soll er weiße Kleider, die ein wenig unsauber sind, schön machen, so nimmt er auch sie an, hat zwar damit schwere Arbeit, aber er schafft es doch noch. Gibt man ihm aber schön dunkel eingefärbte Kleider und verlangt von ihm, er solle die alte Farbe abkratzen und sie wieder schön und weiß machen, so mag man ihm zehn- oder hundertfachen Lohn anbieten, er wird das ablehnen und nicht tun. Menschliche Arbeit mag zwar genial sein, aber sie kann nicht an

gegen den Himmel, sie kann nicht wegbringen, was einmal da war.

Über Frauen mit hellem Teint kann man leicht sein Urteil fällen, auch über Frauen mit dunklem, nur die dazwischen sind schwer zu beurteilen. Es gibt da drei Arten von Frauen. Ist das Gesicht dunkler als der Körper, können sie hell werden, dagegen solche, wo der Körper dunkler als das Gesicht ist, werden kaum je weiß. Wieder Frauen mit dunklem Teint, aber zarter Haut werden leichter weiß als solche mit grober Haut. Schließlich werden Frauen mit dunkler, aber schlaffer Haut leichter hell als solche mit dunkler, aber fester Haut. Nämlich bei denen, wo das Gesicht dunkler als der Körper ist, wird ja – da das Gesicht außen, der Leib verdeckt ist – das Gesicht immer durch den Wind und das Einwirken der Sonne schwerlich hell werden. Ist aber der Körper nur etwas heller als das Gesicht, eben weil er unter den Kleidern verborgen ist, dann kann man dadurch heller werden, daß man das Gesicht ebenso wie den Körper verdeckt. Das hat einen gewissen Erfolg, und darum sage ich, Frauen mit solcher Veranlagung werden leichter hell. Ist aber der Körper dunkler als das Gesicht, dann ist es umgekehrt, und solche Frauen werden unmöglich heller.

Ein zarter und feiner Teint ist so glatt und glänzend wie Seidengaze: er nimmt leicht Farbe an, gibt sie aber auch leicht wieder ab. Wird er nur wenig vom Wind berührt oder von der Sonne beschienen, so wird er später bald wieder hell, wenn er einmal dunkler geworden war. Dicke Haut aber ist wie Baumwolltuch oder Teppichstoff: sie nehmen Farbe zehnmal schwerer an als Seidengaze, aber sie wieder zu entfernen ist *mehr* als zehnmal so schwer! Genauso ist es mit dicker Haut, und daher weiß ich, daß zarte Haut leichter hell wird als dicke.

Schlaffe, aber dunkle Haut ist wie ungebügelter Seidenstoff oder ungespannte Stiefel. Sie sehen dunkel aus, weil sie gerunzelt und nicht glatt sind, obwohl sie eigentlich hell sind; sie sehen trübe aus, obwohl sie klar sind. Nach dem Bügeln oder Spannen hat sich die Farbe gänzlich verwandelt und ist nicht mehr zu vergleichen. Schlaffe Haut ist nur schlaff, weil zuwenig Fleisch und Blut da sind. Man muß sie nähren, dann ist das, als wenn man Schuhe spannt oder ungebügelte Seide bügelt. Sobald wieder genügend Fleisch und Blut da sind, sieht die Haut nicht mehr so aus. Daher sage ich, daß schlaffe Haut einfacher hell zu machen ist als feste.

Ist das nun alles über den Teint einer Frau? Sollen sich demnach alle Menschen um die Frauen mit hellem, zartem und schlaffem Teint reißen, die dunklen, gröberen und die mit fester Haut aber verworfen sein? Nein, denn immer wieder verbindet sich auch ein schlechtes Schicksal mit roten Wangen, immer wieder hängen Glück und Häßlichkeit zusammen. Das gilt für alle Frauen, die eine glückliche Ehe zu führen die Fähigkeit haben.

4. Augenbrauen und Augen der Frau

Das Gesicht ist das wichtigste am Körper, die Augen das wichtigste am Gesicht. Jeder weiß, daß man einen Menschen zuerst nach seinem Gesicht beurteilt, und jeder weiß auch, daß man am Gesicht zuerst die Augen ansieht. Und doch wissen die meisten Menschen nicht alle Geheimnisse hierüber. Ich meine ja, daß man bei einem Menschen zuerst das Herz prüfen soll, wenn man sich über ihn ein Urteil bilden will, und erst, wenn das bestanden hat, seine Gestalt. Gestalt – das sind Augenbrauen, Haar, Mund und Zähne, Ohren und Nase, Hände und Füße. Aber wie kann man das Herz sehen, das doch im Leibe verborgen ist? Dazu sind die Augen da! Man muß einem nur in die Augen sehen, wenn man wissen will, wie sein Herz ist. Schon einer der Jünger des Konfuzius hat darüber geschrieben, er war der erste, und ich will nicht noch einmal ausführen, was er gesagt hat, sondern nur sagen, daß Härte und Weichheit des Herzens, Klugheit und Dummheit der Anlagen nichts anderes zu bedeuten haben als eines späteren Tages das verschiedene Schicksal einer Blumenauf-seherin oder einer Feuermagd, daß sie es sind, die ent-scheiden, ob man in der ›Halle des Löwengeschreies‹ oder im ›Lande der Weichheit und Wärme‹ leben wird.

Feine und lange Augen deuten mit Sicherheit auf einen weichen Charakter; grobe und große Augen deu-ten auf groben Charakter. Bewegen sich die Augen schön und ist das Helle und das Dunkle in ihnen gut verteilt, so ist dieser Mensch klug und scharfsinnig.

Sind die Augen immer fest und viel Helles und wenig Dunkles in ihnen oder umgekehrt, so ist die Frau bestimmt dumm und beschränkt.

Nun kann es aber vorkommen, daß sich bei einer Frau die Augen einmal bewegt haben, sich aber nachher nicht mehr bewegen, es kann sie jemand, der sie meist lebhaft bewegt, auch einmal unbewegt halten. Wie kann man das dann nachprüfen? Keine Sorge, das kann man! Wie? Einmal: bei Ruhe auf Bewegung warten, zweitens: von unten nach oben schauen. Die Augen bewegen sich doch mit dem Körper, und niemand kann den Körper bewegen, die Augen aber unbeweglich halten. Läßt man nun den anderen bald kommen, bald gehen und ein paar Schritte machen, während man ihn selbst mit den Augen verfolgt, dann braucht sich keine Herbstwoge zu bewegen, aber die Augen des anderen bewegen sich. Das ist das eine.

Frauen schlagen immer die Augen nieder, wenn sie sich genieren. Stehe nun ich hoch und sie niedrig, so gehen ihre Augen noch tiefer, und ich kann sie dann nie sehen. So muß man sie also hoch stellen, etwa auf eine Terrasse oder einen Hang oder vor das Wohngemach, und sich selbst niedrig stellen. Sieht man sie dann an, so kann sie die Augen nicht mehr niederschlagen und wird sie dann bestimmt von mir wegwenden. Also auch die, die ihre Augen einmal nicht bewegt, kann dazu gebracht werden, sie zu bewegen, und auch hierbei, zwischen frei und gezwungen, gibt es noch immer all die Unterschiede von hoch und gering, von hübsch und häßlich. Das ist also das zweite.

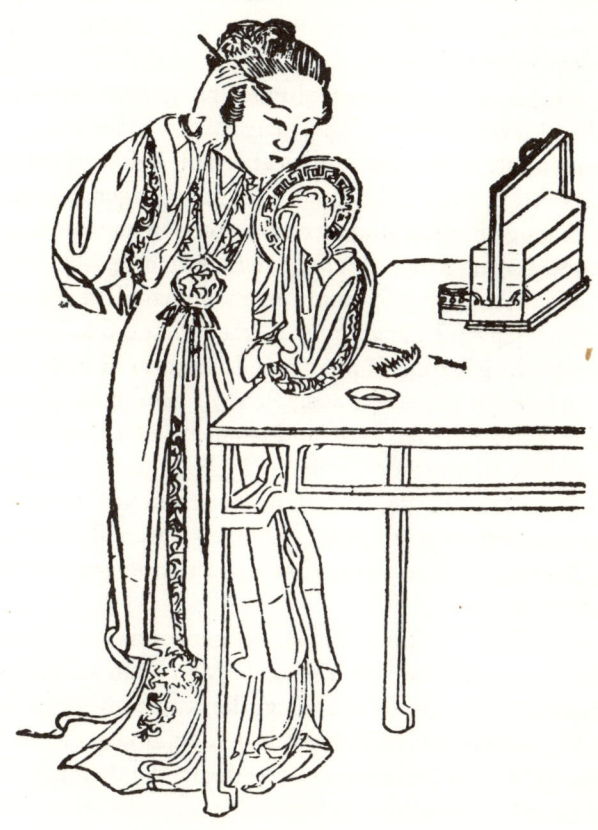

Die Größe der Ohren, die Höhe der Nase, die Dichte der Augenbrauen und des Haares, die Farbe von Lippen und Zähnen kann schließlich auch noch ein Blinder mit den Händen ertasten. Wie kann es also einen gesunden Menschen geben, der nicht diese äußerlichen Schönheiten richtig beurteilen kann? Er braucht sich nicht zu fürchten, er wird reichlich Anhaltspunkte finden!

Die Schönheit der Augenbrauen hängt auch mit dem Charakter zusammen, und man sollte immer Augenbrauen und Augen zusammen ansehen. Beide gehen in ihrer Art vielfach zusammen. Wer feine Augen hat, hat auch lange Brauen, und wer grobe Brauen hat, hat auch große Augen. Das ist im allgemeinen richtig.

Wenn Augenbrauen und Augen einmal nicht zusammenpassen und Länge oder Kürze, Dichte oder Feinheit nicht ganz im Einklang sind, dann muß man mit dem Langen die Kürze ausgleichen – muß man sehen, wo man nachhelfen kann und wo nicht. Der Kommandant der Hauptstadt, Dschang Tschang (seine Biographie im Hanshu 76, 6a-9b), malte schon vor zweitausend Jahren Augenbrauen, demnach waren also schon damals die Brauen seiner Frau nicht richtig gewesen in ihrer Dichte.

Man kann zu kurze Brauen länger machen: da liegt die Kunst im richtigen Zufügen. Man kann zu dichte Brauen feiner machen: da liegt die Kunst im Wegnehmen. Aber eines darf keinesfalls fehlen, und gerade das übersehen die Menschen so oft: das ist die Biegung. Es muß eine natürliche Schwingung da sein, ehe man künstlich daran arbeiten kann. Wenn von einer Frau gesagt wird, sie habe Brauen wie ferne Berge, Brauen wie der junge Mond, so bezieht sich das immer nur auf die Schönheit der Schwingung. Sie darf natürlich nicht grob-realistisch ferne Berge nachahmen oder ganz so wie der junge Mond sein, sondern muß nur ein wenig an den Mond erinnern und an die Berge denken machen. Bei manchen Brauen ist der Oberteil geschwungen, aber nicht der untere, oder die Außenteile sind dünn, aber die mittleren nicht: überall da kann man nachhelfen. Am häßlichsten aber sehen Brauen aus, die wie ein glatter Strich sind, so wie die Venus über den Himmel zieht, oder wenn sie wie zwei schiefe Striche, so wie eine umgekehrte chinesische 8 (V), sind, und wenn so aus den fernen Bergen ein naher Wasserfall und aus dem jungen Mond ein langer Regenbogen wird. Hieran zu korrigieren würde auch ein Meister der Kunst, wie Kommandant Dschang, zu schwer finden und aufgeben.

Aber kein Mann, der sich eine Frau aussucht, wird allzu genau auf all dies achten, denn er sucht sich ja einen Gefährten für das Land der Weichheit und Wärme und keinen General für eine Amazonenarmee!

5. Hände und Füße der Frau

Manche Leute haben eine einfache und kurze Methode, Frauen abzuschätzen: sie schauen oben den Kopf an und unten die Füße. Danach könne man den ganzen Körper beurteilen. Ich wundere mich, daß man das wichtigste dabei nicht erwähnt hat: die Hände. Die zehn Finger sind es doch, an denen die Geschicklichkeit für das ganze Leben hängt, sie schaffen Ruhm und Vergessenwerden für hundert und mehr Jahre. Wer Frauen beurteilt, müßte zuerst auf die Hände sehen. Ich verstehe nicht, warum die Leute darüber hinwegsehen und nicht darüber sprechen!

Wer zarte Hände hat, ist klug; wer spitze Finger hat, ist scharfsinnig. Wer volle Unterarme und dicke Gelenke hat, lebt sicher im Glanz von Perlenreifen und Eisvogelbändern. Nach dem heutigen Schönheitsideal sollten die Fingerglieder einer Hand, die die Saiten zupft, ineinanderlaufend sein, etwa so wie bei dem Bogenspannring, mit dem man die Sehne spannt. Und bei einer Hand, die die Flöte hält, soll der Unterarm weich sein, wie ein Messer zum Bambushauen. Muß man sich bei einer Frau überwinden zuzuschauen, wie sie die Kissen hinlegt und die Decken bringt, muß man die Augenbrauen runzeln, wenn man sieht, wie sie Speisen aufträgt und Wein eingießt, kann man an einer solchen Frau noch Genuß finden? Darum ist eben das Ansehen der Hände so wichtig, und alle, die ›die Blumen suchen und die Weidenbäume fragen‹ (i.e. alle Frauenliebhaber), müssen das wissen. Aber darüber ist schwer zu reden. Wer eine Frau nur nach ihren Füßen aussucht, findet leicht solche mit ganz kleinen ›Goldlotos‹.* Wer sie sich aber nach den Händen ansieht, der findet nur ganz selten zarte Jadefinger. So sind die Füße ganz einfach, die Hände erfüllen die Bedingungen nur schwer:

Unter zehnen und hunderten findet man nur eine oder zwei. Aber man muß immer daran denken, daß der, der Gesetze der Schönheit aufstellt, streng sein muß, aber der, der sie anwendet, milde. Zart und weich, spitz und fein sollen Hände sein, aber man muß schon mit dem einen der vier sich begnügen und über das Fehlende hinwegsehen können.

Wenn man anderseits bei den Füßen nur auf die Kleinheit zu sehen brauchte, wäre es ja mit einem Blick genug. Wer aber da genauer sein will, wer die Schönheit des Fußes ganz erfassen, wer zwar kleine Füße haben will, aber nicht auch ihre Nachteile, der hat es noch schwerer damit als bei der Beurteilung der Hände. Man kann das Wesentliche nämlich nicht sofort erfassen.

Was sind die Übel des zu kleinen Fußes? Wenn sich eine Frau wegen ihrer zu kleinen Füße nur schwer bewegen kann und sich immer an Wänden und Mauern stützen muß, so geht das ja nur sie allein an. Wenn aber die Füße wegen der Bindung der Zehen schmutzig bleiben und die anderen sich die Nase zukneifen und die Augenbrauen runzeln müssen, so geht das auch die Mitmenschen an.

Und was sind die guten Seiten des kleinen Fußes? Die kleinen Füße sind so schlank, daß man sie beinahe nicht sieht, und je mehr man sie ansieht, desto mehr Rührung überkommt einen: das ist ihr Nutzen bei Tage. Sie sind so zart, als hätten sie keine Knochen, und je mehr man sie liebkost, desto lieber streichelt man sie: das ist ihr Nutzen bei Nacht.

Mir erzählte einmal jemand voller Stolz: Minister Dschou aus I-hsing hat einmal für tausend Goldstücke eine Schönheit, das Fräulein ›Stütze‹, gekauft, nur weil ihre Füße so klein waren, daß sie kaum einen Zoll weit laufen konnte und immer gestützt werden mußte, wenn sie ging. Ich sagte, wenn das wirklich so ist, dann ist sie bloß eine Schönheit aus Ton, weiter nichts. Die hätte er für ein paar Pfennige kaufen können, wozu hat er da tausend Goldstücke ausgegeben? Der Schöpfer hat doch den Menschen die Füße gegeben, damit sie gehen können. Früher sagte man von einem schönen Mädchen: ›aus jedem ihrer Schritte wachsen Lotosblumen‹, oder ›jeder ihrer Schritte ist wie Jade‹ und drückte damit aus, daß ihre Füße zwar klein waren, aber daß sie doch laufen konnten. Und zwar war ihr Gang schön, und darum wurden sie so bewundert und geschätzt. Sind aber die Füße so klein, daß sie nicht damit laufen können, so sind solche Frauen ja genau wie jemand, dem man die Beine abgehackt hat. Darum darf es also diese Nachteile der zu kleinen Füße nicht geben.

Ich bin überall herumgereist, aber nur in Lan-dschou in Westchina und in Da-tung in Nordchina habe ich winzige Füße mit ihren guten Seiten, ohne ihre schlechten Seiten gesehen. Bei den Mädchen aus Lan-dschou sind große Füße zehn Zentimeter lang und kleine nicht einmal so groß. Und doch können sie damit laufen, als flögen sie. Es kam sogar vor, daß Männer sie nicht einholen konnten. Und wenn man ihnen ihre kleinen Strümpfe auszieht und die Füße berührt, so sind sie fest, aber doch auch weich, also das, was man weich, ohne Knochen nennt. In anderen Gegenden kann man dasselbe schon einmal durch Zufall finden, aber selten oft. Nur die berühmten Freudenmädchen von Da-tung sind meistens so. Sitzt man mit ihnen zusammen auf dem Lager und berührt ihre Goldlotos, so möchte man sie nie wieder loslassen und fühlt, daß keine Freude über diese geht. Ich erzählte das einmal in der Hauptstadt Bekannten, die es meist nicht glaubten. Da hatte ich eines Abends bei einem Essen zwei Singmädchen, die eine aus der Provinz Shansi, die andere aus Hopei. Beide waren keine Schönheiten, aber sie hatten sehr kleine Füße. Ich ließ nun die, die mir nicht hatten glauben wollen, selbst prüfen, und wirklich hatte die aus Shansi viel schönere Füße als die aus Hopei, es war ein gewaltiger Unterschied in der Weichheit der Haut. Alle Gäste gaben das zu, und die, die es mir nicht hatten glauben wollen, mußten zur Strafe mehrere Becher Goldtal-Wein trinken. Darum sage ich, daß kleine Füße ihre guten Seiten haben und diese auch für sich sprechen müssen. Aber ach! Heiratet man denn immer eine exquisite Schönheit? Man nimmt ja doch das, was man in der Heimat vorfindet! Nur soll man trotzdem nicht das allgemeine Urteil darüber verlieren, was für alle Frauen des ganzen Landes Geltung hat.

Man braucht übrigens nur ein paar Schritte zu beobachten, wenn man Füße prüfen will; man braucht nur zu sehen, ob die Frau leicht oder schwer, ob sie gezwungen oder natürlich geht, das ist schon das wichtigste. Sind die Füße gerade, so bewegt sie sich leicht, sind sie krumm, schwer; sind die Füße aufrecht, geht sie natürlich, sonst gezwungen. Aufrechte und gerade Füße sind nicht nur schön, zugleich riechen sie auch selten. Nur die, die gezwungen laufen, riechen meist auch schlecht.

II. Die Körperpflege der schönen Frau

1. Einleitung

Nur die Frauen, die wie Feen sind, und die Landesschönheiten können auf Körperpflege verzichten. Aber wo nur ein wenig Unvollkommenheit an der Arbeit des Himmels ist, muß menschliche Kraft nachhelfen. Aber das, was ich unter ›Körperpflege‹ verstehe, das müssen hübsche und häßliche, schöne und garstige Frauen haben. Ein Sprichwort sagt von einer mittelmäßigen Frau: ›Drei Zehntel Natur und sieben Zehntel Aufmachung.‹ Also könnten Frauen, die sieben Zehntel Natur haben, auf den Rest Aufmachung verzichten? Oder solche, die schon von Natur aus vollkommen sind, könnten ganz auf Körperpflege verzichten? Nein! Dann muß ich schnell erklären, was ich unter Körperpflege verstehe.

Die heutigen Schönheitskünstler sind so geschickt und so raffiniert, daß sie beinahe aus einem Gespenst noch eine Gottheit machen können. Wenn ich also hier noch darüber eine neue Lehre vorbringen will, habe ich es sehr schwer, wo die anderen schon so geschickt sind, und mir würde es dabei nicht einmal so gehen, als träfe der kleine Magier den großen Zauberer, sondern so, als wollte der Schüler des kleinen Magiers den Lehrer des großen Zauberers belehren, und das würde doch nichts werden. Aber: die jeweilige Moderichtung schießt fast in allem über das vernünftige Maß hinaus.

Die ersten Regeln waren schon gut, aber nun versucht jeder den anderen zu übertreffen, jeden Tag will man etwas anderes zeigen als am vorigen Tag, und dadurch kommt es zu Übertreibungen und dazu, daß man das wahre Maß verliert.

Vor langer Zeit fand ein König im Staate Tschu* schlanke Hüften schön, und alle Frauen im Palast starben vor Hunger. Der König liebte hohes Haar, und alle Frauen im Palast trugen es einen Fuß hoch. Er liebte große Ärmel, und bald trugen alle Frauen im Palast nicht enden wollende Seidenärmel. Schlanke Hüften sind schon schön, hohe Frisur und lange Ärmel sehen schon hübsch aus, aber wenn die Leute darum Hungers sterben, dann hat man ja statt der Menschen Gespenster. Und Haarfrisuren von einem Fuß Höhe und Ärmel bis auf den Boden sehen nicht nur nicht mehr hübsch aus, sondern machen eine Frau wirklich genauso wie einen Nachtmahr oder ein Gespenst. Dafür kann der Mann, der schlanke Hüften oder hohe Frisur oder lange Ärmel liebte, nichts, sondern der Fehler liegt bei den Frauen, die sich selbst verhungern ließen, sich selbst die Frisuren so hoch und die Ärmel so lang machen ließen. Und eigentlich können auch die nichts dafür, daß es so kam, sondern der Grundfehler ist der, daß es keinen einzigen Mann gab, der diese Übertreibungen anprangerte, Regeln aufstellte und sagte: es darf nur so sein, aber nicht so weit übertrieben, und der auch dafür sorgte, daß man das befolgte. Ich finde, daß heute die Aufmachung ganz ähnlich der aus der Zeit des Königs von Tschu ist. Wenn ich darüber also jetzt

Regeln aufstelle, sind das keine alltäglichen Ratschläge; nur sind die Übertreibungen noch von niemand dargestellt und angeprangert worden. Die Leute sollen wissen, daß dies nicht liebenswert, sondern im Gegenteil hassenswert ist. Sie sollen gewahr werden, daß solche Übertreibungen von Tag zu Tag schlimmer werden und eines Tages aus einem lebenden Menschen ein Gespenst werden lassen und man beinahe wie eine Leiche aussieht, wenn man sich so eng zusammenschnürt, als wäre man nahe am Verhungern. Alles, was ich hier über Körperpflege sagen werde, bezieht sich nur auf solche Dinge. Jede Schönheit muß sich nach den menschlichen Gefühlen richten und darf sich nicht in Überspitzung verlieren.

2. Waschen und Kämmen

Für das Waschen des Gesichts gibt es keine anderen Kunstgriffe, als den Schmutz gänzlich abzuwaschen. Es gibt ja eigentlich auf dem Gesicht keinen richtigen Schmutz, sondern, was man Schmutz nennt, ist nur Fett. Es gibt natürliches und aufgetragenes Fett. Das natürliche kommt aus den Poren, fette Menschen leiden sehr darunter, magere weniger. Es sieht aus wie Schweiß, ist aber keiner. Das aufgetragene Fett aber kommt selten von unten nach oben, sondern immer von oben nach unten: zum Haar gehören nämlich untrennbar auch Haarpflegemittel, und da, wo Haar und Gesicht ineinander übergehen, läßt es sich kaum ver-

meiden, daß etwas übertritt. Oder auch nur, wenn man mit der Hand über das Haar streicht und es ordnet, dann streicht man nachher doch natürlich von oben nach unten, und auch da läßt es sich kaum vermeiden, daß man ins Gesicht wischt. Überall, wo man hingewischt hat, entstehen glänzende Stellen. An sich sind ja solche ölglänzenden Stellen im Gesicht noch keine große Einbuße an Schönheit und machen zuerst nichts aus. Aber sie sind die Ursache dafür, daß das Gesicht anfängt, nicht mehr hell und nicht mehr gleichmäßig zu sein. An den Stellen, wo meist Puder und Farbe aufgetragen sind, muß man damit besonders vorsichtig sein. Hat man da Fett hinbekommen, darf man keinesfalls wieder Puder auflegen. Hatte man nach dem Waschen und vor dem Pudern nur eine fingergroße Stelle mit einer fettigen Hand betupft, dann ist nach dem Pudern das ganze Gesicht weiß, und nur diese eine Stelle ist dunkel und noch dazu glänzend. Da liegt der Fehler im Anfang der Behandlung des Gesichtes. Hat man sich aber schon gepudert, und betupft man sich dann mit einer fettigen Hand, dann ist es genauso häßlich, weil man bei Fett über Puder nur das Fett noch sieht, nicht mehr den Puder. Da liegt der Fehler weiter hinten. In beiden Fällen scheint die Ursache des Effekts eine sehr große zu sein, ist aber in Wirklichkeit nur sehr klein, weil doch der Fehler nur diesen einen kleinen Teil des Gesichts betrifft und nicht das ganze Gesicht. Das ist also nicht so schlimm. Allerdings gibt es kaum Frauen, die das wissen.

Aber dann gibt es noch einen anderen häßlichen Effekt, der den ganzen Körper betrifft und von dem selbst Schönheiten der alten Zeit betroffen wurden, ohne daß sie es wußten. Ich möchte auch diesen einmal besprechen, damit er verschwindet: allgemein benutzt man die Handtücher zum Abtrocknen des Gesichts nicht nur zu diesem Zweck, sondern auch, um sich die Arme abzutrocknen oder die Brust. Aber überall, wo man wischt, ist Fett, und so wird das Handtuch immer gleich unrein. Wer Sauberkeit liebt, wischt sich nur das Gesicht allein damit ab. Aber kann man es erreichen, daß man nicht ans Haar kommt, sondern nur bis an die Ränder der Stirn? Sobald man aber vom Haarpflegemittel an das Handtuch bekommen hat, ist es doch wieder voll Fett und Öl. Und wenn man sich damit nochmals das Gesicht abtrocknet, ist das, als wenn man sich nicht abtrocknete. Wenn man sich also mit einem fettigen Tuch einreibt, soll man das an nichts anderes herankommen lassen. Wenn man es an nichts anderes herankommen läßt, soll man es dann etwa ausgerechnet auf den Puder kommen lassen? Jedes Gesicht, das nicht gepflegt wird, muß um so dunkler werden, je gleichmäßiger es war. Durch den gleichen Puder wird die eine Frau weißer, die andere nicht. Wisset, daß der Grund dafür einfach an den Handtüchern liegt, die sie benutzen, und nicht, weil es etwa guten oder schlechten Gesichtspuder gibt. Daher wird jede Frau, die ein gleichmäßiges Gesicht haben will, immer darauf achten, daß ihre Handtücher sauber sind, und sie wird die Gesichtshandtücher nur für das Gesicht benutzen und sie sofort nach Gebrauch auswaschen, nicht erst fettig werden lassen. Das ist grundlegend wichtig.

Gut Kämmen ist nicht so wichtig wie Kämmen mit dem Feinkamm. Das ist der Bruder des Kammes. Erst ein staubfreies Haar sieht seidenähnlich aus, sonst ist es wie ein Teppich, ein zusammenhängendes Stück. Das ist dann ein Hut, aber kein Haar mehr; das ist ein glanzloser Gegenstand aus Schwarzlack, aber kein Kopf mit Haar wie schwarze Wolken oder schneckenartig aufgerollter Frisur. Wer daher seine Frauen und Nebenfrauen gut pflegen will, kaufe für hundert Geldstücke Kämme, aber für tausend Geldstücke Feinkämme. Nur wenn sie gut sind, wird das Haar gut; spart man nur ein wenig an der Qualität bei ihnen, so leidet das Haar und schmerzt der Kopf. Man soll sich nur ein paar Male mit dem Feinkamm kämmen. Hat man sich vollkommen sauber gekämmt mit dem Feinkamm, dann benütze man den gewöhnlichen Kamm. Bei Kämmen sind übrigens die alten die besten. Das Sprichwort, das meint, bei Menschen solle man sich immer an die alten halten, bei Dingen aber nur an die neuen, ist nicht für Kämme gemeint! Kann man keine alten Kämme bekommen, so benutzen Leute mit Geld solche aus Zahn, die Armen solche aus Horn. Neue Holzkämme mit rauhen Innenteilen und spitzen Zähnen kann man nicht benutzen, wenn man sie nicht zehn Tage lang erst in Öl gelegt hat.

Die Alten bezeichneten die Frisur als ›geringelten Drachen‹. Das bezieht sich auf die natürliche Gestalt des Haarknotens, nicht auf Haar, das geschmückt ist.

Wenn man Haar einfach mit der Hand zusammenlegt, dann sieht es immer wie ein ›geringelter Drache‹ aus. Daraus kann man erkennen, daß die Alten wirklich alles auf Natürlichkeit bei der Haarfrisur legten, nicht auf die Aufmachung. Der Drache ist ein Tier, das sich gern verwandelt. Und auch Haar hat keine feste Form. Hätte man die gleiche Mode unverändert bis heute weiter beibehalten, so wäre das Haar kein geringelter Drache mehr, sondern ein toter. Und das Haar wäre nicht mehr das einer schönen Frau, sondern einer Toten. Es ist gar nicht verwunderlich, daß die Heutigen gern die Haartracht ändern. Das Verändern ist schon sehr sinnvoll. Aber man denkt bei diesem Wechsel nur daran, daß man etwas Neues hat, nicht, daß es auch vernünftig ist. Man will sich durchaus verändern, kümmert sich aber nicht darum, ob es auch paßt.

Jeder, der ein Ding einem anderen ähnlich machen will, ahmt das nach, was paßt, was entspricht, was an Gestalt und Farbe ähnlich ist; er schöpft dabei nicht aus der hohlen Phantasie und arbeitet nicht ins Blaue. Die Alten sprachen vom Haar als von ›Rabenwolken‹ und bei der Frisur von ›geringelten Drachen‹; beides ist am Himmel, und deshalb paßt es, daß man es auf dem Kopf hat. Das Liegen des Haares soll sein wie Wolken, die Wellung des Haares wie ein Drache. Und die Farbe der Wolken ist rabenschwarz, wie auch die des Drachen. Da passen Farbe, Aussehen, Charakter und Sinn zusammen, deshalb hat man diese Ausdrücke geprägt. Sie sind nicht aus der Phantasie beliebig hingeworfen. Aber das, was man heute unter Päonienkopf, Lotoskopf, Almosenschalenkopf* versteht, all diese neuen Moden, die sind zwar neu und auffallend und lassen einen staunen, aber mit der Gestalt und der Farbe, die sie haben sollten, haben sie nichts mehr gemein. Ich meine: beim Menschen können Blumen aus der Hand wachsen, das ist der Pinsel des Dichters Djiang An; aus der Zunge können Blumen wachsen, das ist die Größe des Buddha. Aber daß aus dem Kopf Blumen wachsen können, habe ich noch nie gesehen; das müßte erst in diesen Tagen angefangen haben. Das ist eine sinnlose Bezeichnung! Auf dem Kopf kann man Spangen und Nadeln tragen in Blumenform, aber daß man den Kopf selbst als Blume und den Körper als Stiel auffaßt, das hat es noch nie gegeben. Eine Almosenschale ist ein Ding zum Essen. Es hat noch niemand den Kopf eines lebendigen Menschen als eine umgekehrte Almosenschale aufgefaßt. Das alles hat es früher nie gegeben, erst jetzt hört man mit einem Male davon. Das sind Dinge, die es nicht geben sollte, obwohl es sie gibt. Die Pflanzen sind zu zehntausenden rosa und zu tausenden rot, aber schwarze Blumen habe ich noch nie gesehen! Wenn hier eine Frau wäre, und ich bezeichnete sie als schwarze Päonie oder schwarzen Lotos oder schwarze Almosenschale: sie würde wütend blicken, zornig werden und dann anfangen zu schimpfen. Ist es nicht einfach unverständlich, daß man die Form von so ausgefallenen Dingen nachzuahmen versucht, mit denen man selbst nicht gern bezeichnet werden möchte? Ich meine: es schadet nichts, wenn eine Frau jeden Tag eine Änderung der Frisur sich überlegt und jeden Monat eine neue Frisur trägt. Nur muß sie auch so sein wie etwas, das es wirklich gibt. Es gibt unendlich viele Dinge, aber nichts ist doch schöner als Wolken und als Drachen. Wenn man ruhig weiter diese Namen für die Frisur benutzt, aber ihren Inhalt neu ausfüllt, so ist alte Art und neuer Stil zusammen, ohne miteinander in Widerspruch zu sein. Es ist nicht richtig, daß man nur wenig Änderungen machen kann, wenn man sich nur an Wolken und Drachen hielte. Es gibt wirklich keines unter allen Dingen der Welt, das sich immer unerschöpflicher in tausend Formen und zehntausend Wandlungen ändern kann, als Wolken. Ein Drache kann sich ja vielfach verwandeln, aber über die paar Arten des fliegenden Drachen, des streifenden Drachen, des liegenden, des untertauchenden und des mit der Perle spielenden Drachen sowie des Drachen, der aus dem Meer hervorkommt, kann er nicht hinaus. Wolken dagegen haben im Augenblick ihre Form verändert, in jeder Minute haben sie mehrfach ihre Stellung verändert, und selbst tausend Wandlungen und zehntausend Veränderungen sind ein zu schwacher Ausdruck für ihre Wandlungsfähigkeit. Kein Ausdruck reicht hin, das zu beschreiben. Wenn eine kluge Frau jeden Tag den Himmel ansieht und ihr Haar nach den Wolken formt, dann kann sie es jeden Tag ändern, und nie wird sie zu Ende damit kommen, nie wird sie sich erschöpfen. Und ändert sie nicht zugleich damit noch jeden Tag ihr Aussehen? Für den aber, dem der Himmel zu hoch, die Wolken zu fern und zu unklar sind, so daß er sie sich nicht zum Vorbild nehmen kann, für den

haben die Maler heute schon nach verschiedenen Wolkenformen Papiervorlagen geschnitten, die man unter das Haar legt und die man nach dem Kämmen und Ölen dann wieder entfernt. Das ist eine vereinfachte und abgekürzte Art.

Zu Wolkenhaar können noch Farben kommen, entweder indem man die Blumen der Jahreszeit hineinsteckt oder indem man es mit Perlen oder Eisvogelfedernschmuck schmückt, so wie die farbigen Ränder der Wolken, so daß man buntesten Glanz zu sehen meint, wenn man es ansieht. Aber auch hier muß die Anordnung richtig sein, muß zur Gestalt der Wolke passen, so als gehörte es in sie hinein. Es ist am schönsten, wenn es aussieht, als sei der Schmuck im Haar, ohne daß der eigene Eindruck der Blumen oder des Schmucks fühlbar wird.

Will man das Haar in Drachenform frisieren, so kämmt man erst, wenn man die Form des fliegenden oder des streifenden Drachen haben will, das ganze eigene Haar glatt herunter. Dann macht man aus künstlichem Haar die Form des Drachen, legt sie herum und deckt oben das eigene Haar darüber, wobei es darauf ankommt, daß es ein wenig vom Haar entfernt liegt und nicht mit ihm zusammenklebt. Dann erst bekommt man wirklich den Eindruck eines fliegenden oder streifenden Drachen dabei. Wenn man es zusammenkleben läßt, ist das der untertauchende oder der liegende Drache. Um das Haar so hängend zu halten, steckt man es nur an unsichtbaren Stellen mit ein oder zwei Haarnadeln. Und für die Drachenkrallen, die nach unten gehen, macht man aus Haar ein Band und befestigt sie damit auf dem Haar. Dann können sie nicht verrutschen.

Die Frisur der mit der Perle spielenden Drachen ist so: man macht aus künstlichem Haar zwei kleine Drachen und befestigt sie an den beiden Seiten mit dem Schwanz nach hinten, dem Kopf nach vorn. Vorn befestigt man eine große Perle nahe den Mäulern der Drachen. Das ist dann das Spielen der Drachen mit der Perle.

Die Frisur des Drachen, der aus dem Meere aufsteigt, ist ähnlich, nur macht man aus falschem Haar Wellenformen und befestigt sie da, wo der Drache in die Luft aufsteigt. Das ist alles leicht zu machen. Alle diese eben genannten Formen sind getrennt aus Drachen oder aus Wolken gemacht. Hier sind Wolken nach Wolkenformen gemacht, dort Drachen nach Drachenformen. Ich aber sage, man darf beides nicht trennen, denn die Wolken folgen dem Drachen, wie der Wind dem Tiger folgt. Das steht schon in den heiligen Schriften. Also soll man beides zusammen als Anregung für die Frisur benutzen. Für beides braucht man künstliches Haar. Warum kann man es dann z. B. nicht so machen, daß der Drache nicht seinen ganzen Körper zeigt, oder auch die Wolken nicht ihre ganze Form? Bald sieht man dann eine Wolke, bald einen Drachen, so daß man es nicht auf einen Blick erfassen kann. So sieht der Kopf einer schönen Frau aus, als ringelte, drehte, flöge oder tanze er, als ließe er morgens die Wolken kommen und abends den Regen. Meint man dann nicht beinahe die Göttin von der Liebesterrasse vor sich zu haben?*

Ach, ich, Li Yü, habe mir so viel Mühe mit den Frisuren gegeben, und nun wünschte ich nur, daß ich einmal in die Frauengemächer hineingehen könnte und sehen könnte, ob die Frisur, die sie sich dort machen, wirklich ihre Schönheit und ihre Vollkommenheit noch vergrößert – hineingehen in die Frauengemächer dann, wenn ich nach meinem Tode wirklich ein Geist werden sollte.

3. Das Baden

In heißen Sommermonaten gibt es außer der Freude am süßen Dahinschlummern nur noch die am Baden. Den Schmutz kann man sich nicht anders abspülen, den Schweiß nicht anders beseitigen, die Gifte der brennenden Hitze nicht anders loswerden. Und Baden ist nicht nur richtig im vollen Sommer, sondern immer kann man sich diese Freude machen in der Kühle des Frühlings und in der Frische des Herbstes; nur im Winter ist es nicht gut zu baden. Und doch sind viele Gesundheitstheoretiker gegen das Baden. Sie sagen, es schade der Gesundheit. Ich sage: wenn Baden der Gesundheit schadet, dann tun es Regen und Tau auch. Wieso soll der Mensch anders sein als Pflanzen und Bäume?

Allerdings ist die Ansicht, daß es gesundheitsschädlich sei, nicht ganz ohne Grund entstanden. Ich habe das selbst einmal erlebt. Ich stieg in die Wanne, ohne mich vorher übergossen zu haben, und kam plötzlich mit meinem Körper in das Aufspritzende, das Aufklatschende hinein, ich stürzte das Warme in das Kalte, das Trockene in das Nasse, ähnlich wie bei einem Elementarkampf. So etwas kann wirklich schädlich sein und die Kräfte zerstören. Aber ich habe eine Art, die nicht schädlich ist: wenn es einem zu kalt ist, muß man es wärmer machen; und ist es einem zu heiß, muß es kühler gemacht werden. Wenn ich mich ausgezogen hatte, stimmte ich immer erst das Wasser ab und ließ es nur lauwarm sein. Vom Bauch aus lasse ich es die Brust, von da aus den Rücken erreichen. Und wo es so lau ist, ist es gar nicht zu fühlen wie Wasser, und dieses Baden ist noch so wie Nichtbaden. Erst wenn ich mich an das Wasser gewöhnt habe, tue ich heißes Wasser zu und tauche mich mehrmals nacheinander darin ein. Man wird mit dem Wasser eins, man kommt in ein schönes Land, ohne daß man es merkt. Kreuz und quer lasse ich es auf mich wirken, überall, von allen Seiten, bis ich mich ganz frisch und munter fühle. So wird das Bad zu einem reinen Genuß.

Reiche Häuser und große Familien, die statt der Wannen Badehäuser haben und Wasserseen, die Feuer auflegen lassen, wenn es ihnen zu kalt ist, und wegnehmen, wenn es zu heiß wird, haben ihre eigene Art, sich die Zeit zu vertreiben – sie brauchen sich das nicht erst von armen Leuten erklären zu lassen.

4. Das Parfüm

Schöne Frauen und schöne Blumen duften so herrlich, wie sie aussehen. Eine Schönheit hat auch immer einen himmlischen Duft. Sie hat ihn von Geburt an, nicht durch Parfüm erhalten. Das kommt tatsächlich bei schönen Frauen vor und ist nicht nur ein poetischer Ausdruck. Ja, es kommt sogar vor, daß auch eine nicht besonders schöne Frau diesen Duft hat. Allerdings, wer ihn hat, lebt meist nicht lange; rote Backen und ein schlechtes Schicksal gehören hier immer zusammen. Aber eine Schönheit oder eine andere Frau mit diesem natürlichen Duft kommt unter tausend Menschen nur einmal vor, und alle anderen Frauen können nicht auf Parfüm verzichten. Was gibt es da?

Die reichen Häuser benutzen Blumentau. Blumentau ist aus Blüten gemacht, die man in eine Flasche getan hat und ausgezogen hat. Rosen sind dazu am schönsten, alle anderen stehen ihnen nach.* Aber man darf nicht zuviel nehmen. Immer nach dem Waschen und Baden schütte man einige Löffelchen in die Hand und reibe den Körper damit ein und bestreiche das Gesicht damit. Bei diesem Duft, bei diesem Geruch, liegt die Schönheit darin, daß es wie eine Blume duftet, aber keine Blume ist, daß es wie Tau ist, aber doch kein Tau ist, daß es den Hauch der Blume, aber nicht ihr volles Wesen hat. Daher ist seine Schönheit höher als bei anderen Parfümen, die entweder schnell vergehen oder betäubend sind, wie Orchidee oder Zimtblüte, wo man beim ersten Riechen gleich weiß, was es ist.

Weiter kann man sich auch mit parfümierter Seife waschen und mit parfümiertem Tee den Mund spülen. Das muß alles in einem Toilettezimmer vorhanden sein. Die Seife hat übrigens noch eine besondere Eigenschaft. Wenn man etwas Schmutziges angefaßt hat oder einen schlechten Geruch bekommen hat, und man wäscht sich mit ihr, dann ist er vollkommen verschwunden. Hat man nun aber parfümierte Seife, so geht das Parfüm nicht mit allem Schmutz auch in das Wasser und verschwindet, sondern nur der Schmutz geht weg, und der Duft bleibt, als wenn die Seife nur das Schlechte angreife, aber das Rechte bestehen ließe. Bei guter Seife geht bei einmaligem Waschen der Duft den ganzen Tag über nicht verloren. Ist das nicht vom Himmel gemacht und von der Erde geschaffen, um der Körperpflege und dem Schmuck zu dienen? Die beste parfümierte Seife kommt aus dem Kreis Liu-ho in der Provinz Kiang-nan. Aber ihr Preis ist reichlich hoch. Dazu glaube ich, daß man sie in entfernteren Gegenden nicht bekommen kann. Wenn man durchaus daran sparen will, kann man sich ja nur das Gesicht damit waschen, sonst den ganzen Körper.

Auch das Mundwasser kostet nicht viel. Die Leute wissen nur, daß der Preis hoch ist, aber sie wissen nicht, daß man pro Tag davon nicht mehr als ein fingergroßes Stück Pulver braucht, und an Gewicht noch kaum ein Gramm. Man teilt es in mehrere Teile, und nach dem Essen und vor dem Schlafengehen tut man ein kleines Stück auf die Zunge: dann duften die ganzen Lippen. Nimmt man allerdings zuviel von diesem Mundwasserstoff, dann schmeckt es bitter und riecht unangenehm wie Medizin.

All das, was ich eben gesagt habe, wissen sämtliche Menschen. Ich schreibe nur darum so genau darüber, um zu zeigen, daß eine schöne Frau nicht auf Parfüm verzichten darf.

Dazu gibt es aber noch etwas anderes, das noch viel billiger ist. Die meisten Menschen achten beim Essen nur immer darauf, ob es gut schmeckt und ob ihnen der Geruch gefällt, sie denken nicht an den Duft nachher. Laßt mich das näher erklären. Von den Früchten sind etwa Li-dschi* nicht sehr verschieden von Annam-Birnen und Feuerdatteln. Nur ist ihre Farbe vollkommen, ihr Duft himmlisch. Sie sind die idealen Früchte. Als ich kürzlich durch Südchina reiste und mich einmal satt daran essen durfte, fand ich, daß ich nicht umsonst einen Mund vom Schöpfer erhalten hatte. Aber es ist schade, daß der Schöpfer parteiisch war und sie nicht überall auf der Welt wachsen läßt. Nun wissen alle, daß alte Li-dschi nicht so gut schmecken wie frische. Aber sie wissen nicht, daß auch alte Li-dschi nie ganz ihren Duft verlieren, genau wie die Olive nicht. Ihr Vorzug liegt darin, daß der Geschmack bleibt. Wenn nun eine schöne Frau vor dem Zubettgehen einen Bissen von der Frucht ißt, dann hält der Duft ihres Mundes die ganze Nacht an. Ißt sie zuviel, ist es zu süß und klebrig. Wenn man nur einheimische Li-dschi hat: die aus Feng-ting in Fukien sind die besten.

Ist der Duft des Mundes für die schöne Frau selbst, oder ist er für andere bestimmt? Ich meine, für die anderen. Überhaupt, alles an einer schönen Frau ist für andere bestimmt, nicht etwa nur allein der Duft ihres Mundes!

5. Pudern und Schminken

›Es ist ein Jammer, wenn Schminke und Puder die natürliche Farbe beschmutzen; nur die Brauen etwas nachziehen und dann ihn besuchen!‹, ist ein sehr schöner Vers eines Tang-Dichters. Heute spricht man nicht von Schminke und Puder, man sagt, es beschmutze einen. Selbst Frauen, deren ganzes Gesicht aus Puder besteht, sagen: Puder kommt nicht auf mein Gesicht; und solche, deren ganze Lippen aus Schminke bestehen, sagen: Fett kommt nicht an meine Lippen, weil sie nämlich alle meinen, das Tang-Gedicht sei übertrieben, und es so machen möchten wie die schöne Dame Guo, die keins brauchte. Aber wie können Schminke und Puder einen Menschen beschmutzen? Er beschmutzt sich selbst! Man sagt, beides sei nur für mittelmäßig schöne Menschen bestimmt, Schönheiten brauchten so etwas nicht. Ich sage dagegen: »Nein, nur Schönheiten dürfen sie benutzen, die anderen sollten sie nicht anrühren!« Wieso? Beide regen an und machen leuchtend. Benutzt sie eine Schönheit, so vermehrt sie ihre Schönheit damit; benutzt sie aber eine Häßliche, so hebt sie ihre Häßlichkeit noch mehr hervor. Wird nicht eine besonders schöne Frau durch einen Hauch von Puder und ein klein wenig Rouge nur noch schöner und begehrenswerter? Und wird nicht eine häßliche Frau mit unschönem Gesicht, die es nun rot anmalt und mit Puder belegt, nicht gar die anderen erschrecken und abstoßen? Das Geheimnis davon liegt einfach darin, daß, was weiß ist, noch weißer gemacht werden kann, Schwarzes aber nie weiß werden kann. Legt man auf etwas Schwarzes Weiß, ist es, als wolle man das Schwarze deutlicher hervortreten lassen, indem man ihm Weiß entgegenstellt. Hat man hier Tusche und dort Puder, zuerst getrennt und dann zusammen, so war zuerst das Schwarze schwarz und das Weiße weiß. Sie sind verschieden, aber sie sind nicht feindlich gegeneinander. Sobald man sie aber vermischt, kann man sehen, wie das Schwarze unruhig wird, wie es das Weiße angreifen möchte, wie sie sich nicht miteinander vertragen. Gleichartige Dinge können zusammen sein; auch einander ähnliche Dinge können zusammen sein, aber solche, die nicht nur nicht gleichartig, auch nicht einander ähnlich, sondern glatt entgegengesetzt sind, können nie und nimmer zusammen sein. Und wenn sie zusammen sein müssen, gibt es nur Ungelegenheiten. Das besagt also, daß nicht jede Frau Puder ohne weiteres benutzen darf. Bei Schminke ist das nicht so. Wer ein helles Gesicht hat, kann sie benutzen, aber auch eine Frau mit dunklem Teint kann sie anwenden. Puder und Schminke ergänzen sich in ihrer Art: Puder auf den Wangen und Schminke auf den Lippen geben leuchtende Farben. Aber nur rote Lippen ohne Puder auf dem Gesicht läßt nicht nur das Rot nicht hervortreten, sondern wandelt noch den dunklen Gesichtsteint in Lila um, und Lila ist keine natürliche

Farbe, sondern eine Farbmischung, entstanden aus Rot und Schwarz. Sowie Schwarz und Rot sich treffen, ist es wie das Zusammentreffen alter Bekannter; sie fließen zusammen, ohne daß sie es wollen, und aus ihrem Zusammenleuchten entsteht Lila, und das Gesicht sieht aus wie die farbigen Wolken, als Lao-tse auf seinem dunklen Rind in die Ferne ritt. Solche Frauen mit dunklem Teint dürften demnach weder Puder noch Schminke benutzen, weil sie nicht zu ihnen passen. Aber warum kümmert sich dann kein einziges Mädchen um diese Regel, warum benutzen sie alle dauernd beides? Warum verwirft kein Mann sie, weil sie zuviel Puder und Schminke benutzen? Ich sage: Nein, so ist das nicht gemeint! Ich sprach eben nur von den Frauen, die ganz dunklen Teint haben, bei denen die Farben von Teint und Puder wirklich nicht mehr miteinander verwandt noch auch ähnlich sind. Bei Frauen mit mitteldunklem Teint sind immerhin noch Ähnlichkeiten und Verwandtschaften zwischen den Farben von Teint und Puder da. Warum soll man da keinen Puder und Schminke anwenden dürfen? Nur muß man sie mit Vernunft anwenden und in der richtigen Stärke, dann wirken sie sich schon gut aus.

Ein dauernd gepudertes Gesicht sieht nur von fern gut aus, nicht aus der Nähe, weil es nämlich nicht gleichmäßig sein kann. Die Maler nehmen zum Auftragen der Farbe Leim, damit sie Gleichmäßigkeit erhalten; ohne Leim erreichen sie das nie. Das Gesicht des Menschen ist nicht wie Papier oder Seide, Leim kann man da nicht benutzen. Daher wird eben die Puderschicht nicht gleichmäßig. Hier gibt es aber einen Kniff: wenn man nämlich nicht einmal, sondern zweimal auflegt, erst hell, dann dunkler; erst dünn, dann dicker. Dadurch kann dieser Schönheitsfehler der ungleichen Puderung vermieden werden. Laßt mich das an einem Beispiel erklären: Wenn ein Maurer eine Wand kalkt, so trägt er immer erst eine Schicht groben Kalk auf, dann darüber eine Schicht feinen. Die Stellen, wo die Farbe beim ersten Mal nicht hinkam, werden beim zweiten Mal ausgeglichen; und wo zufällig beim zweiten Mal die Farbe nicht hinkommt, da war schon vom ersten Mal Farbe. So wird die Dicke der Farbe überall gleichmäßig, ohne Mängel. Täte man die Farbe für beide Anstriche zusammen, so würde es nicht nur ein ungeschickter Arbeiter nicht gleichmäßig machen können, sondern selbst ein geschickter nicht. Wenn das schon beim Kalken einer Wand so ist, um wieviel mehr muß das beim Gesicht so sein! So verteilt man also den Puder, den man sonst auf einmal aufgetragen hätte, in zwei Teile und trägt erst einmal auf. Sobald das etwas angetrocknet ist, trägt man noch mal auf. Dann werden die Stellen, die zu dick aufgetragen waren, dünn, und die zu dünnen dicker. So kann die Puderung selbst ohne besondere Mühe schön ausfallen und von der Ferne so gut aussehen wie von der Nähe.

Und nicht nur wird der Teint damit gleichmäßig, sondern allmählich kann man damit dunkleren Teint heller machen. Wie kommt das? Alle Färber, die Tuch oder Seide färben, färben immer hellere Farben in dunklere um. Zwischen hell und dunkel aber gibt es eine Mitte, die weder hell noch dunkel ist, eine Übergangsstufe. Will man etwa ein Tuch lila färben, so färbt man erst Weiß in Rot um, und dann färbt man das Rot in Lila um. Rot ist die Übergangsstufe zwischen Weiß und Lila. Nie färbt man sogleich Weiß in Lila um. Färbt man weißes Tuch dunkelblau, so färbt man erst Weiß in Indigo, dann das Indigoblau in Dunkelblau. Nie färbt man Weiß direkt dunkelblau. Will nun eine Frau mit dunklerem Teint ihn heller haben, so ist das nicht einfach. Aber wenn sie erst eine dünne Schicht Puder aufträgt, so wird schon ihr Teint zwischen weiß und dunkel sein, nicht mehr so rein dunkel wie vorher. Trägt sie nun noch eine Schicht auf, so wird das schwache Weiß ein reines Weiß; es wird nicht das reine Dunkel gleich rein weiß. In ähnlicher Art kann man, wenn man statt zweimal sogar dreimal auflegt, auch einen ganz dunklen Teint fast ganz hell machen, und dann gibt es auf der ganzen Welt keine Frau mehr, deren Gesicht ungleichmäßig gepudert ist. Hierzu ist außerdem keine große Einsicht notwendig, um das verstehen zu können: jeder Leser, der bis hierher gelesen hat, weiß, daß ich, der Li Yü, nicht einfältig bin, ich bin nur ein verdienter Minister der Eleganz. Ich bin auch ein Mann, von dem man sagen kann, ›der rote Rock kennt sich selbst‹: als ich nämlich eingangs vom Teint sprach, mußte ich ein wenig zu streng urteilen. Aber ich bin nicht zu streng. Ich wollte, daß die Leser einsehen, daß sie einen großen Schönheitsmangel hatten. Wenn jemand dann ein gutes Heilmittel erfährt, dann gibt er

sich wirklich die allergrößte Mühe, den Mangel weg
zubringen.

Außerdem habe ich jetzt noch zweierlei zu erwäh-
nen, beides ist nicht so bedeutend wie das Vorige, aber
man muß es halt auch wissen. Wenn das Gesicht gleich-
mäßig gepudert ist, muß es der Nacken auch sein! Sonst sieht man vorne weiß und hinten schwarz, so wie
bei den Gesichtern der Gespenster auf der Bühne. Hat
man ein gleichmäßig gepudertes Gesicht, so müssen
auch die Augenbrauen gezogen sein, sonst bedecken
Reifblumen die Augen wie bei der Frau des Erdgottes,
die ganz weiß an den Augen ist.

Mit dem Bemalen der Lippen ist es genau umgekehrt
wie bei dem Pudern des Gesichts. Mit einem Strich
müssen die Lippen gezogen werden, dann sehen sie aus
wie eine Kirsche. Wenn man mehrmals hintereinander
ansetzt und immer wieder zufügt, dann werden sie un-
gleich in der Länge und Breite und sehen aus wie eine
Reihe von Kirschen, aber nicht wie eine Frucht.

III. Die Kleidung der schönen Frau

1. Einleitung

Die Alten sagten: ›Ein Mann, der auf drei Generationen gebildeter Ahnen zurückschauen kann, weiß, wie man sich zu kleiden hat; und einer, der fünf Generationen gebildeter Ahnen hat, weiß Bescheid über Essen und Trinken.‹ Und ein heutiges Sprichwort sagt genau dasselbe. Man kann daraus sehen, wie schwer es ist, richtig zu essen und sich richtig zu kleiden. Über Essen und Trinken will ich noch an anderer Stelle sprechen, hier möchte ich nur von der Kleidung erzählen.

Arme Familien schämen sich ihrer schäbigen Kleider und entschuldigen sich damit, daß sie kein Geld für Kleidung hätten. Sie sagen: sobald wir eines Tages unser Glück gemacht haben, wird der Hausherr Pelze tragen und die Hausfrau schöne Kleider. Aber wer von ihnen weiß, daß die Kleider so zum Menschen passen müssen, wie der Mensch zur Landschaft passen muß? Erst nach längerer Zeit passen sich Mensch und Landschaft einander an. Ein auffallend reiches und schönes Kleid auf einem armseligen Körper fühlt sich genauso unbehaglich wie ein Neu-Ankömmling, dem immer das Klima nicht bekommt. Ein weites Kleid sieht an ihm zu eng aus, ein kurzes scheint zu lang, die Hände möchten herauskommen, aber die Ärmel verstecken sie; der Hals möchte sich ausstrecken, aber der Kragen läßt ihn krumm aussehen: es paßt eben nicht auf den Menschen! Es ist, wie wenn man sich selbst in Armschellen und Fesseln gelegt hätte, wie wenn man einen Affen wüsche und ihm einen Hut aufsetzte: alles würde nur über ihn lachen. Natürlich, man kann einen Affen waschen und ihm einen Hut aufsetzen. Aber weil er nicht gewohnt ist, Hüte zu tragen, passen Kopf und Hut nicht zueinander. Das sind nur die gröbsten Dinge, hinzu gesellen sich noch eine Unmenge von Feinheiten.

Kleider sollen den Menschen schmücken. Lassen Sie mich das erklären. Schmücken meint herausheben und bezieht sich nicht auf gemusterte, leuchtende Stoffe. Und unter Mensch ist nicht der äußere Körper verstanden, sondern der Körper, der Klugheit und Dummheit, Tüchtigkeit und Verworfenheit in sich faßt, der Mensch, von dem es heißt: ›Sein persönliches Wesen durchströmt seinen Körper, wie der Reichtum das Haus durchströmt.‹ So meine ich ›Mensch‹. Das gleiche Kleid kann, von einem Reichen getragen, dessen Reichtum hervorheben, von einem Armen getragen, seine Armut nur um so schreiender erscheinen lassen. Bei einem Hochstehenden kann es dessen Rang unterstreichen, bei einem Niederen dessen Niedrigkeit nur noch klarer zeigen. Genauso verrät es einen Mann mit Moral, mit Persönlichkeit und Tüchtigkeit, wie jemand ohne Qualität, ohne Talent, einen Verworfenen.

Stellen Sie sich hier einen reichen, hochstehenden Mann in einem Kleid aus hundert Fetzen und mit zerlöcherten Schuhen vor: trotz allem würde aus seinem Kleid und seinen Schuhen eine reiche, ruhige Atmosphäre ausstrahlen. Ohne zu fragen, wüßte man, daß er

ein reicher und hochstehender Mann ist. Auch armselige Kleider und schmutzige Anzüge können noch den Reichtum eines Mannes hervorheben. Um wieviel mehr dann Seidenstoffe und besticktes Tuch! Wenn aber ein Bettler oder ein Diener sich ein schönes Kleid stiehlt und trägt, kommt er rettungslos deswegen ins Unglück, weil das Kleid auch die Armut zeigen kann, ohne daß es unbedingt ein kurzes grobes Wollkleid sein muß: es kann auch ein langer feiner Rock sein! Die Redensart von dem Reichtum, der das Haus überstrahlt, und dem persönlichen Wesen, das den Menschen überstrahlt, meint auch nur dies. Das Haus, in dem ein Reicher lebt, braucht nicht über und über bemalte Pfeiler und geschnitzte Balken zu haben, es kann auch ein kleines, strohgedecktes Häuschen sein, und doch sieht es jeder, der in das Tor eintritt und ins Haus hineingeht, überall zwischen der Bambustür und den Löchern in den Wänden leuchten, strahlen. Und wenn man vor einem Haus vorbeikommt, wo die Nachkommen von Ministern oder Generälen leben, die vielleicht nicht ein bißchen am Äußeren des Hauses geändert haben, da strömt einem kalte Luft entgegen, das Haus ist verdorrt, und der rechte Mann, der wieder das Leuchten hineinbringen könnte, ist für jeden spürbar nicht mehr da.

Die Leute, die bisher die ›Große Lehre‹ (des Konfuzius) gelesen haben, verstanden dies nicht und glaubten, daß die ›geschnitzten Balken und bemalten Pfeiler‹ wörtlich gemeint seien, als ob ein reich gewordener Mann nun sein altes Haus aufgeben und ein neues sich

suchen und mit geschnitzten Balken und bemalten
Pfeilern verzieren müßte; und als ob ein tugendhafter
Mann ebenfalls seinen alten Körper wegwerfen und
sich einen neuen Körper besorgen müßte, auf daß man
sagen könnte, er habe ein weites Herz und einen brei-
ten Körper. Die Klassiker sind schwer zu lesen, und die
Wissenschaft der Kommentare ist auch keine einfache
Sache! Ich habe dies schon einmal an anderer Stelle
vorgetragen, und hier erinnere ich in diesen Erörte-
rungen nochmals daran.

2. Der Kopfschmuck der Frau

Eine Frau kann sich den Kopf mit Perlen, Schmuck aus
Eisvogelfedern, mit Stein und Jade schmücken, und sie
kann damit ihren Reiz und ihre Schönheit vergrößern,
ebenso aber auch verringern. Eine Frau, deren Teint
nicht so ganz hell ist oder deren Haar ein wenig ins
Gelbe* übergeht, kann mit einem schönen Haar-
schmuck ihre Reize und ihre Schönheit vermehren, sie
kann nach allen Richtungen hin so strahlen, daß der
Teint und das Haar schöner aussehen. Es ist so wie im
Sprichwort: ›Jade in einem Berge beseelt den Berg;
Perlen in einem Wasser machen das Wasser schön.‹
Aber wenn sich eine Frau mit schönem, hellem Teint
und schönem, schwarzem Haar noch den ganzen Kopf
voll Eisvogelschmuck steckt und lauter Ohrringe und
Gehänge aus Gold und Perlen trägt, dann sieht man
nur Gold und nicht den Menschen; eine solche Frau ist

wie eine unter Blättern versteckte Blume, wie der Mond hinter den Wolken. Sie versteckt ihren Kopf und verbirgt ihr Gesicht dadurch, obwohl sie es sehen lassen kann. Nur jemand, der sie genau ansehen kann, wird noch etwas von ihrer wirklichen Schönheit erkennen und wird sagen: Ihre Schönheit scheint nicht allein im Schmuck zu bestehen; wie schön mag sie wohl sein ohne all diesen Schmuck in ihrer ganzen Natürlichkeit? Leute, die nur auf Äußerliches sehen und nur über den schönen Schmuck einer Frau schwärmen, wissen noch nichts von den Geheimnissen der Schönheit. Der Mensch soll die Perlen, Eisvogelschmuckstücke, Steine und Jade schön erscheinen lassen, nicht sollen die Schmucksachen den Menschen schön machen. Daher soll eine Frau in ihrem ganzen Leben nur einen Monat lang Perlen und Spangen mit Einlagen aus Eisvogelfedern tragen, nicht öfter. Und dieser eine Monat ist die Zeit vom Hochzeitstage an, wenn sie zum Manne kommt, bis zum Ende des ersten Ehemonats. Diesen Monat lang ist es berechtigt, denn die Eltern und die Schwiegereltern feiern nur eine Hochzeit für ihre Tochter, und sie würden ihren Verlust nicht verschmerzen, wenn sie nicht so schön aufgemacht und so schön geschmückt wäre. Aber danach soll man diese Handschellen und Fesseln der Schönheit wegtun und sich aus diesem Gefängnis befreien und sich nie wieder so einzwängen lassen.

Eine Spange oder ein Gehänge kann eine Frau ihr ganzes Leben lang begleiten, aber diese beiden Schmuckstücke müssen dann auch möglichst vollkommen sein. Reichere Familien können ja auch verschiedene haben, aus Gold oder Jade, Rhinozeros oder Muschel, jede in ihrer Art, verschiedenartig in der Form, und sie können alle paar Tage oder sogar jeden Tag wechseln. Das kann man tun. Aber arme Familien, die sich Gold oder Jade nicht leisten können, sollten lieber nur Knochen und Horn benutzen statt Kupfer und Zinn. Gut ausgeführte Knochen- oder Horn-Schmuckstücke sind von Arbeiten aus Rhinozeros oder Muschel nicht zu unterscheiden; aber Kupfer und Zinn sind nicht nur nicht elegant, sondern können auch dem Haar schaden.

Von anderen Schmuckstücken außer Spangen und Gehängen kenne ich nichts Schöneres als frische Blumen, ein paar Stiele. Ich finde sie nicht nur eleganter als Perl- oder anderen Schmuck, ich finde, sie sind Leben, und das andere ist Tod. In einem alten Lied heißt es: ›Schönste Blumen und größte Schönheit genießen einander.‹ Jedes wird durch das andere hervorgehoben. Eine besondere Schönheit ist eine Blume unter den Menschen, die schönste Blume ist der Mensch unter den Blumen, beide passen zueinander, beide sind aufeinander abgestimmt, beide sollten Tag und Nacht zusammen sein. Kaiser Wu aus der Han-Dynastie sagte einmal: ›Wenn ich die schöne A-tchiao bekäme, baute ich ihr ein Haus aus Gold.‹ Ich finde ein Haus aus Gold unnötig für eine Frau, aber Blumenterrassen müssen immer für eine Frau da sein, nicht nur gelegentlich. Reiche Männer, die eine schöne Frau haben, sollten überall schöne Blumen suchen und sie in die Höfe der Frauengemächer pflanzen, so daß beide einander Tag und Nacht sehen können. Die Schönheit von Perlen und Eisvogelschmuck ist bekannt und immer gleich. Aber wenn eine Frau sich morgens eine Blume ins Haar steckt, so muß sie ihren eigenen Geschmack sprechen lassen, sie wird Rot nehmen, wenn sie Rot liebt, oder Lila, wenn ihr Lila besonders liegt. Je nach ihrer Laune kann sie sich verschiedenste Blumen anstecken, immer wird es dann passen, weil Blumen und Frauen eben aneinander Freude haben.

Aber auch ein armer Mann mit einer schönen Frau sollte doch, wenn neben seinem Haus nur ein bißchen Platz ist, dort Blumen und Pflanzen anbauen, damit seine Frau Blumen für ihr Wolkenhaar finden kann. Überall darf man sparen, nur hier gerade nicht. Wie lange dauert schon die Jugend bei einer Frau? Selten hat ein Mann das Glück, eine schöne Frau zu bekommen. Selbst Minister und Generäle, reiche Häuser und große Familien haben entweder eine arme Verwandtschaft, die an ihnen hängt, oder die Hauptfrau ist eifersüchtig: sie möchten schöne Nebenfrauen haben, und doch können auch sie es ihr ganzes Leben lang nicht. Und ich, ich kleiner Mensch, ich kann vielleicht diese Freude haben, und dann bin ich zu geizig, ihr mit ein, zwei Dingen Freude zu machen, sie mit ein paar Kleinigkeiten zu schmücken? Das wäre ein grausamer Mißbrauch eines Geschenkes vom Himmel. Das wäre, wie wenn man reines Essen aus schönstem Reis in den Kot und Schmutz würfe!

Selbst ganz arme Männer, die kein freies Plätzchen, wo man auch nur eine Nadel einstecken könnte, haben, Männer, die Blumen züchten wollen, es aber tatsächlich nicht können, selbst die sollten sie von den Gärtnereien kaufen oder von den fliegenden Händlern holen: Wenn sie dafür pro Tag ein paar Pfennige ausgeben, dann trinken sie ein Becherchen Wein weniger und machen dafür ihrer Frau und auch sich selbst eine Freude. Ist das nicht im Grunde billige Freude?

Und wer noch sparsamer sein muß: heute sind die in Su-chou gemachten künstlichen Blumen so schön und fein, daß sie von den echten nicht zu unterscheiden sind. Künstliche Blumen aus Pflanzenmaterial gemacht kosten pro Stück nur ein paar Pfennige und halten über einen Monat lang, die aus Seidenstoff gemachten sind immer vielfach teurer und lange nicht so schön wie die anderen; sie sehen nicht so natürlich aus. Und darin beruht doch das, was man an Blumen schön findet, in dieser Natürlichkeit. Warum soll man bei allem nur immer nach dem Preis sehen und das Teurere schöner finden, warum soll man nie nach schön und häßlich sehen und das Schönere kaufen? Ach – auch die Männer, die eine Frau suchen, machen das ja so, nicht nur bei toten Dingen geschieht das!

Bei den künstlichen Blumen aus Su-chou sind die Blüten ganz natürlich, nur die Blätter nicht. Das ist immer so, ohne daß ich weiß, warum. Wenn man aber die Blätter abmacht und sie durch echte Blätter ersetzt, so wirkt die Blüte durch die echten Blätter selbst noch echter.

Von frischen Blumen finde ich Weiß die schönste Farbe, dann kommt Gelb, dann zartes Rot. Am stärksten meide man Knallrot, aber auch reines Rot finde ich nicht schön. Die chinesischen Rosen riechen wunderbar, aber ihre Farbe ist zu leuchtend, man kann sie höchstens unter den Haarknoten stecken und ihren Duft versteckt wirken lassen, nicht die Blüte selbst zeigen. Sieht sie hervor, so ist das bäurisch, denn Bäuerinnen mögen nur knallige Farben. Der Jasmin ist von allen Blüten ja einzig und allein für das Haar bestimmt, anderen Zweck hat er nicht. Der Himmel hat ihn sichtlich nur hierfür geschaffen. Soll man den also nicht viel benutzen? Genauso ist es mit Perl-Orchideen, nur daß sie noch zehnmal schöner als Jasmin sind. Aber man darf sie nicht überall tragen.

Oben, als ich von Haartracht sprach, sagte ich, man sollte den ›Päonienkopf, den Lotoskopf und den Almosenschalenkopf‹ abschaffen mitsamt den ähnlichen ausgefallenen Frisuren, und ich schlug Frisuren aus künstlichem Haar vor. Ein Freund meinte dazu, ich sollte lieber, wenn ich schon Regeln aufstellte, mich dafür einsetzen, daß alles Falsche verschwände und das Echte zur Geltung käme. Warum ich empfehle, Falsches zu benutzen? Ich erwiderte darauf: »Man kann natürlich heute gut über die Regeln der alten Zeit reden, aber wer würde sich schon danach richten? Es ist schon besser, sich nach der Tagesmode zu richten und wenigstens die schlimmsten Unnatürlichkeiten auszumerzen. Es ist von alters her so gewesen, daß der Kopf einer Frau Schmuck trug. Und ich finde Schmuck aus Perlen und Eisvogel, aus Steinen und Jade nicht so schön wie Schmuck durch künstliches Haar. Es ist zwar ›künstlich‹, aber ursprünglich stammt es doch auch vom Kopf einer Frau. Schmückt man sich damit, so ersetzt man doch nur, was einmal da war. Außerdem ist es nicht unerschwinglich teuer und luxuriös. Wenn ich gegen Perlschmuck und für frische Blumen bin, so hat das den gleichen Grund. Ich stelle doch nicht nur hohe Prinzipien auf, sondern möchte auch den menschlichen Gefühlen entgegenkommen.«

Die Haarpfeile sollen zart in der Farbe sein, nicht kräftig. Sie sollen die Schwärze des Haares hervorheben. Am schönsten finde ich Jade, dann kommt Rhinozeros, das etwas gelblich ist, und Hartwachs, das fast weiß ist. Gold und Silber kommen erst nach ihnen, Achat und Bernstein kann man nicht verwenden. Der Kopf des Pfeils hat Tierform, etwa einen Drachenkopf, einen Phönixkopf, einen Kopf wie ein Zepter oder wie eine Orchidee. Er soll natürlich gestaltet sein, nicht überzüchtet; er soll sich dem Haar anpassen und nicht aus dem Kopf herausstehen, als wenn er fortspringen wollte. Nadeln sind doch zum Halten des Haares und zum Festigen der Frisur da; sie sollen nicht in der Luft schweben.

Ohrringe sind je kleiner, desto schöner, also etwa eine Perle oder ein Stückchen Gold oder Silber sind schön. Das kann man immer im täglichen Leben tragen. Wenn man reich gekleidet und schön geschmückt ist, dann müssen sie natürlich etwas größer sein, aber nie dürfen sie einmal oder gar zweimal größer sein als das, was man im Volksmund Gewürznelke nennt. Die Größe soll man beschränken, dafür aber muß die Ausführung entsprechend eleganter sein. Ganz unmöglich ist der alte ›hängende‹ Stil: kann man sich denn Laternchen ans Ohr hängen, wenn es nicht gerade Neujahrsabend und Laternenfest ist? Und werden diese Lämpchen noch mit Perlen und Eisvogel geschmückt, dann haben wir den berühmten Stil der Perlenlämpchen von Fukien oder der Brokatlämpchen von Danyang: schon als Lämpchen sind sie abscheulich geschmacklos, aber erst als Ohrgehänge?

3. Die Kleidung der Frau

Bei den Kleidern einer Frau kommt es nicht auf Feinheit, sondern in erster Linie auf Sauberkeit an. Und nicht Schönheit ist wichtig, sondern Eleganz. Kleider sollen nicht dem Standard des Hauses entsprechen, sondern sie sollen der Frau entsprechen. Schmutzige und angestaubte Seidenkleider oder bestickte Kleider sind nicht so schön wie einfache, saubere Kattunkleider. Rote, lila oder knallfarbige Kleider, die gegen die Zeit verstoßen, die auffallend sind, sind nicht so schön wie zartfarbene. Es kommt also lediglich auf Eleganz, nicht auf Schönheit an! Frauen reicher Häuser sollen Muster tragen, einfache Familien sollen ungemusterte Stoffe tragen, das paßt zu ihrer Art.

Jede Frau hat von Geburt aus einen bestimmten Typ, und zu diesem Typ muß sie entsprechende Kleider

wählen, und das Kleid muß die entsprechende Farbe haben, all das ist genau festliegend und läßt sich nicht ändern. Nehmt doch einmal ein neues Kleid und laßt es nacheinander ein paar junge Mädchen anziehen: bestimmt wird es der einen oder zweien stehen, den anderen nicht, weil bei den einen die Farbe von Kleid und Gesichtstyp zueinander passen, bei den anderen nicht. Nicht, daß das an den Kleidern selbst läge. Wenn eine Frau aus hohem Stand, der gemusterte Stoffe durchaus nicht stehen, absolut keine ungemusterten Stoffe tragen will, sondern nur gemusterte, dann stechen sich eben Kleid und Typ. Kleider sollen nicht dem sozialen Standard des Hauses entsprechen, sondern sollen zum Gesicht passen.

Frauen mit ganz hellem Teint, den zartesten, schlankesten Frauen, steht meist alles. Zarte Farben heben ihre Zartheit hervor, aber dunkle unterstreichen sie noch; feine Stoffe zeigen ihren Reiz, aber grobe zeigen ihn noch mehr. Solche Frauen brauchen keine berühmten Schönheiten zu sein, und doch sind sie so schön wie die berühmten Frauen des Altertums. Nur: wie viele solcher Frauen gibt es schon? Eine Frau, die nur ein bißchen weniger vollkommen in der Figur und Erscheinung ist, muß ihre Kleider ihrer Erscheinung entsprechend schneidern und kann nicht jede beliebige Farbe nehmen. Es gibt unendlich viele Arten, Kleider nach der Erscheinung zu schneidern, ich kann das jetzt nicht alles erörtern. Aber wenn ich das Wesentliche sagen soll: das Geheimnis eines schönen Kleides liegt darin, daß man dem Eigentlichen nahekommt. Eine

Frau etwa mit ziemlich hellem Teint kann vollfarbige
wie zarte Kleider tragen; eine Frau jedoch mit dunklerem Teint kann nur vollfarbige Kleider tragen, denn
helle Farben bringen die Dunkelheit ihres Teints noch
mehr heraus. Frauen mit weicher Haut können feine
und grobe Stoffe tragen; Frauen mit grober Haut jedoch können nur grobe Stoffe tragen, denn feine Stoffe
lassen den groben Teint nur noch deutlicher werden.
Manche arme Frauen, die feine und vollfarbige Kleider
tragen möchten, können sich das nicht leisten; und reiche Frauen, die grobe und zartfarbene Kleider tragen
möchten, können es aus anderen Gründen oft auch
nicht. Nun, es gibt feines und grobes, helles und
dunkles Tuch; es gibt aber auch feine und grobe, helle
und dunkle Seiden. Es muß nicht jedes Tuch immer
grob und jede Seide immer fein sein, jeder Brokat
immer dunkel und jeder einfache Stoff immer hell sein.
Leuchtende Blumenmuster auf mattem Atlas etwa sind
Grobes im Feinen, Dunkles im Hellen. Oder eng ge-
webtes Tuch oder Leinenstoffe, die kunstvoll gefärbt
sind, sind Feines im Groben, Dunkles im Hellen. Also,
alles, was ich eben über Kleidung gesagt habe, paßt für
reiche sowie für arme Familien, nicht, daß ich viel für
reiche Frauen und nicht auch für arme Frauen spräche
oder eine Vorliebe für die Armen hätte und die Reichen
überginge. Denn schöne Töchter suchen sich nicht vor
der Geburt aus, wo sie geboren werden wollen, und
schöne Frauen können sich nicht aussuchen, welchen
Mann sie heiraten möchten. Mir kommt es darauf an,
daß jede Frau in diesem Kapitel etwas für sich findet,

ob sie arm oder reich sei, ich wollte, daß meine Bemerkungen so gleichmäßig für alle passen, wie Regen und Tau gleichmäßig fallen.

Die jetzige Mode hat *einen* großen Vorzug gegenüber der älteren. Und den sollte man beibehalten. Und dann hat sie *eine* große Unsinnigkeit, die einem viel Kummer machen sollte. Lassen Sie mich über beides sprechen. Ihr großer Vorzug ist, daß heute alle großen Häuser und reichen Familien nur noch Dunkelblau tragen und keine andere Farbe. Ich kann mich noch aus meiner Kindheit erinnern, wie da die Mädchen gern Silberrot oder Pfirsichrot trugen und die etwas älteren Mondweiß. Dann aber wurde das Silberrot und Pfirsichrot zu Vollrot, das Mondweiß zu Blau. Das Vollrot wurde dann wieder zu Lila und das Blau zu Steinblau. Und nach der Revolution (von 1644) verschwanden sowohl Lila wie Steinblau, und alt und jung, Mann und Frau, trugen nur noch Dunkelblau. So verwandelte sich eine Farbe in die andere, bis man die ideale Farbe gefunden hatte und diese nicht weiter verändern konnte. Diese Reihe der Farbänderungen ist durchaus nicht absichtlich entstanden, sondern es liebt immer der eine den anderen zu übertreffen. Jede Familie wollte dunkler gekleidet sein als die andere. Und so wurde die Farbe von Tag zu Tag dunkler, bis man allmählich unvermerkt am Ende der Möglichkeiten angelangt war.

Aber dieses Dunkelschwarzblau hat viele Vorzüge, die ich nicht im einzelnen aufführen kann. Um nur auf das zurückzukommen, was die Frauen betrifft: Frauen mit hellem Teint erscheinen in Dunkelblau nur noch heller, bei Frauen mit dunklerem Teint fällt dieser nicht so sehr auf. Das ist der Vorzug von Schwarzblau für das Aussehen. Junge Mädchen in Schwarzblau sehen um so jünger aus; ältere Frauen erscheinen darin nicht so alt, wie sie sind. Das ist der Vorzug von Schwarzblau für das Alter. Schwarzblau paßt zu armen Leuten; reiche wenden sich darin aber ab von aller Überladenheit und lassen nur noch die Eleganz wirken, und so paßt es auch zu der Vorstellung, die man von einem reichen Mann hat. Das ist der Vorzug von Dunkelblau hinsichtlich der gesellschaftlichen Klassen.

Werden andersfarbige Kleider nur ein wenig schmutzig, oder sind einmal Wein oder Tee darauf gekommen oder kleine Spuren von Fett oder Öl, so kann man sie nicht mehr tragen, ohne sie umgefärbt zu haben; und wenn man sie umfärbt, sehen sie gleich alt aus. Bei diesem Dunkelblau ist das nicht so, weil es so dunkel ist. Ohne daß man es sieht, kann Unreinheit jeder beliebigen helleren Farbe daran kommen. Es schadet nichts, weil die Farbe so tief ist. Das ist gut für das Tragen.

Bei armen Leuten, die nur ein einziges solches Kleid haben und nichts anderes Gutes zum Anziehen, sieht man dann auch die Unterkleidung nicht sehr, da sie von der Oberkleidung bedeckt ist. Da die Farbe nicht auffallend ist, können auch die Unterkleider schlecht und unsauber sein, ohne daß das auffällt. Tragen sie aber über der Unterkleidung eine andere Farbe, so sieht man beim ersten Schaden am Überkleid gleich, wie häßlich es darunter ist. Reiche Leute aber können brokatene Ober- und bestickte Unterkleider darunter tragen. Wenn der Wind dann einmal ihren Ärmelsaum etwas hebt, sieht man die anderen Farben bunt hervorleuchten, und das dunkle Kleid erscheint noch schöner. So versteckt ein dunkelblaues Kleid eigentlich nicht die Reize, sondern im Gegenteil, durch nichts können die wirklichen Reize mehr hervorgehoben werden ...

Und will eine junge Frau von sechzehn Jahren noch etwas Besonderes machen, so kann sie auf Schwarzblau einzelne andersfarbige Fäden auflegen, oder sie trägt Blumen auf Dunkelblau. Das wirkt dann viel stärker als auf anderen Farben.

Nein, es gibt keine schönere Farbe als Dunkelblau, und wenn das eine spätere Mode wieder ändern sollte, so gibt sie mehr auf, als sie gewinnt, es kann nicht alles so aufeinander passen wie jetzt. Diese Farbgebung ist das, was ich an der heutigen Mode so besonders schön finde und was man nie ändern sollte.

Das andere, das Widersinnige und das, was mir Kummer macht, ist das aus Stücken und Teilen zusammengesetzte Kleid. Es sind die Kleider, die man im Volksmund ›Wasserfelderkleider‹ nennt. Die alten Weisen haben die Nähte in Kleidern ja nicht aus besonderer Vorliebe gemacht, sondern, weil es eben nicht anders ging. Die Menschen sind dick oder dünn, lang oder klein. Man kann nicht ein Stück Stoff nach dem normalen Körpermaß weben, sondern man muß eben ein ganzes Stück Stoff zerschneiden und nachher wieder zusammennähen. Diese ein, zwei Nähte sind Flickstellen am Körper, auf die man leider nicht verzichten kann, sie müssen da sein. Immer, wenn von Feen oder Heiligen gesprochen wird, dann heißt es, ›sie tragen himmlische Kleider ohne Naht‹, das beweist doch, daß gewöhnliche Sterbliche leider Kleider mit Nähten haben müssen. Aber jetzt macht man statt einer Naht zehne und hunderte. Das ist nun nicht nur kein Feenkleid mehr, sondern nicht einmal mehr ein normales menschliches Kleid. Wenn das noch so weitergeht, so möchte ich wirklich wissen, wie es schlußendlich aussehen wird?

Auch diese Unsitte ist übrigens nicht absichtlich entstanden, sondern sie kommt von geschäftstüchtigen Schneidern, die beim Zuschneiden eines Kleides sich heimlich Stoffstücke abschnitten und aufhoben und dann schließlich aus diesen gestohlenen Resten diese neue Mode schufen, um Geld aus ihrem Betrug zu schlagen. Nun hassen aber die Menschen das Übliche und lieben das Aparte. Darum wandte sich niemand gegen diesen Mißbrauch, sondern man machte ihn massenhaft nach, man zerschnitt ganze Kleider in lauter einzelne kleine Stückchen. Was hat denn der Stoff verbrochen, daß er die Strafe der Zerstückelung verdient hätte? Mönchskleider bestehen aus lauter einzelnen zusammengebettelten Fetzen. Was haben denn die Frauen für eine Schuld begangen, daß sie herumlaufen müssen, als hätten auch sie der Welt abgesagt? Modeänderungen hängen immer zusammen mit dem Geschehen der Umwelt. Diese Mode ist nicht jetzt entstanden, sondern in den Jahren um 1640. Damals schon wunderte ich mich darüber und sagte zu jemand: Kleider ändern sich nicht ohne Grund. Sollte etwa in der Welt ein Zusammenbruch oder ein Zerfall bevorstehen? Nach nicht langer Zeit entstanden ja dann auch überall Unruhen, und China zerfiel. Da sagten dann die Freunde, daß meine Voraussagen leider eingetroffen seien. Aber jetzt herrscht ja ein heiliger Herrscher im Reich, alle Lande fallen ihm zu, alles im Lande ist wieder geeint. Da müßte nun diese Mode von selbst aufhören.

Eine ›Wolkenschulter‹ soll den Kragen des Kleides schützen, daß er nicht fettig wird. Das finde ich eine sehr schöne Mode. Aber er muß die gleiche Farbe wie das Kleid haben. Aus der Nähe soll man sehen, daß er da ist, aber aus der Ferne soll er nicht zu sehen sein. Das ist das Richtige. Kann man den Halskragen nicht von der gleichen Farbe machen, so dürfen die Farben wenigstens nicht entgegengesetzt sein. Wenn das Kleid sehr dunkel ist und der Schulterkragen ganz hell oder umgekehrt, dann trennt er Körper und Kopf voneinander, es sieht aus, als wären beide an verschiedenen Stellen; das paßt ganz und gar nicht. Weiter meine ich, nicht nur die Farbe des Schulterkragens soll die gleiche wie die des Kleides sein, sondern noch viel wichtiger ist, daß seine Außen- wie seine Innenseite von gleicher Farbe sind, also wenn er außen schwarzblau ist, muß er innen auch schwarzblau sein; ist er außen indigofarben, muß das Innenfutter auch so sein. Warum? Dies

Kleidungsstück liegt doch auf der Schulter auf, und man kann es nicht immerzu festhalten. Weht nur ein kleiner Wind, dann kommt das Futter nach außen. Das sieht dann aus, wie wenn ein Orkan die alten Blätter aufwirbelt oder der Wind die abgestorbenen Lotos aufrührt. Dann macht eine schöne Frau einen zerzausten, unordentlichen Eindruck. Sind aber Innen- und Außenseite gleichfarbig, dann kommt das nie vor, ob der Stoff nun richtig aufliegt oder ob er sich umgekrempelt hat. Im Hause geht es ja so; wenn man aber ausgeht und Besuche macht, muß man ihn doch noch unsichtbar mit einem Faden befestigen, daß er sich nicht vom Kleid trennen kann, denn es sieht viel besser aus, wenn er sich nicht im Winde bewegen kann.

Natürlich hängt die Aufmachung einer Frau vom Geld des Hauses ab. Aber es gibt zwei Dinge, die billig sind und die viel ausmachen, daher nie fehlen dürfen. Das eine heißt ›Halbarm‹, es ist das, was im Volksmund Rückentuch genannt wird; das andere ist ein Hüftgürtel, den man gewöhnlich Phönixband nennt. Der Körper einer Frau soll schlank sein und nicht breit. Sowie sie das Mieder trägt, wird eine breite Frau schlank, eine schlanke wirkt noch schlanker. Die Hüften einer Frau müssen zart sein, nicht grob. Sobald man sie mit dem Hüftgürtel bindet, erscheint eine robuste Frau zart, eine zarte Frau aber noch zarter. Das Mieder wird außen getragen, das sieht daher jeder Mensch. Der Gürtel aber innen, und daher wissen die meisten nichts von seiner Existenz. Er ist unter den Kleidern verborgen, man trägt ihn, und doch sieht es aus, als habe man ihn nicht. Es sieht aus, als habe man von Natur schlanke Hüften und nicht, als habe man sie gebunden, um sie dünner zu machen.

Bei der Ausführung des Rockes ist das wichtigste die Fältelung und die Verzierung. Ein Rock mit vielen Falten gibt einen freien Gang. Nie fühlen sich der Körper gebunden, die Füße behindert. Hat er zuwenig Falten, geht man gehemmt, es sieht aus, als wenn man in Fußschellen gelegt sei. Bei einem Rock mit vielen Falten bewegt sich das Wellenmuster unten leicht, auch ohne Wind scheint es hin und her zu wogen. Bei zuwenig Falten wirkt es steif und bewegt sich nicht, und selbst eine anmutige Frau sieht aus wie ein Stock aus Holz. Man darf daher vielleicht beim Material für die Kleider sparen, aber niemals beim Rock. In einem alten Gedicht heißt es: ›Zum Rock acht Bahnen* mit Wellenmuster‹, also darf man nie zuwenig Stoff für einen gefältelten, unten gemusterten Rock kaufen. Ich persönlich sage sogar, daß ein Rock aus acht Bahnen Stoff gut für das Haus ist; wenn man aber in der Öffentlichkeit gut aussehen will, sollte man zehn Bahnen nehmen. Denn die Mehrkosten an Stoff betragen fast nichts, noch dazu, wo man weniger teure Seide braucht, wenn man mehr Stoffbahnen nimmt. Diese acht oder zehn Bahnen müssen aus feinem Krepp oder leichter Rohseide sein, denn dicke und schwere Seiden kleben fest und wirken genau wie wenig Stoff und wenig Fältelung. Selbst wenn die Kosten ein wenig höher laufen, besteht hier ein Unterschied zu anderen Ausgaben. Denn nur hier ist die Frau vom Mann körperlich verschieden. Der Mann möchte dem Körper der Frau ein Haus geben, und dieses Haus besteht nur aus diesem bißchen Seide. Diesem seidenen Rock allein ist das Verbergen des Geheimen, der liebevolle Schutz des Kostbaren anvertraut, nur ihm. Soll man da nicht den Stoff so reich sein lassen wie möglich und das Material so gut wie möglich, damit die Trägerin nicht genauso getadelt wird wie die Senfblatt- und Rübensammlerin?*

Der heute in Su-chou so beliebte Rock der hundert Medaillons kann als vollkommen schön gelten. Aber solche Röcke passen meiner Ansicht nach nur zu Gesellschaftskleidung, nicht zu gewöhnlicher Tracht. Das wäre zu verschwenderisch. Das richtige ist, etwas mehr Stoff als früher und etwas weniger Stoff als jetzt, also bei Gesellschaftskleidern zehn Bahnen Stoff, zu Hause acht.

In der neuesten Mode von Su-chou gibt es außerdem noch sogenannte Mondblumenröcke. Die haben in jedem Medaillon sämtliche Farben, wie das Farbenspiel beim Mondschein. Ich finde sie apart, aber ich nehme sie nicht an. Es ist zehnmal soviel Arbeit und Material an ihnen wie beim gewöhnlichen Rock. Ich finde, daß man damit furchtbare Verschwendung mit Gaben des Himmels treibt. Außerdem finde ich ihn nicht sehr schön. Denn die Kleidung des Unterkörpers soll zart sein, nicht stark; sie soll einfach sein, nicht kompliziert.

In alten Gedichten habe ich manchmal Verse gefunden wie: ›es weht der blutrote Rock und zieht über den

Boden‹, oder ›Das Rot ihres Rockes läßt den Granatapfel vor Eifersucht ersterben‹ und ähnliche, und ich mußte darüber lachen, daß frühere Dichter wirklich so geschmacklos sein konnten. So etwas ist eine aufgeputzte Dorfschönheit, nichts weiter. Wie kann die das Herz eines Elegants anregen oder einen Dichter zu Versen des Lobes beflügeln?

Die neuen, tuschegepunkteten Röcke sind zwar recht reich und apart, aber auch sie haben noch nicht mein Herz gefangen. Es muß schon noch eine andere Mode kommen, um meinen Beifall zu gewinnen. Aber da ich mir von dieser nur im Geiste ein Bild gemacht habe und sie noch nicht existiert, möchte ich nicht darüber reden.

4. *Strümpfe und Schuhe der Frau*

Schuhzeug nennt man bei Männern und Frauen Schuhe, aber Fußbekleidung heißt bei Männern Strümpfe, während sie bei Frauen jetzt Socken heißt. In Wirklichkeit ist beides dasselbe. Früher sagte man ›ein kleiner Strumpf wie kalte Wellen‹, und diesen Ausdruck finde ich sehr schön und verstehe nicht, warum man ihn geändert hat.

Bei Strümpfen ist Weiß oder Zartrot die beliebteste Farbe, bei Schuhen jetzt Dunkelrot, neuestens dazu Schwarzblau, was ich die schönste Farbe finde. Schuhe haben eine dicke hohe Sohle, das macht kleine Füße noch kleiner und schlanke noch schlanker. Ich finde das daher die schönste und zugleich die beste Form.

Aber vielfach versuchen Frauen mit zu großen Füßen dadurch deren Häßlichkeit zu verbergen und machen dadurch die eigentliche Absicht des Erfinders zunichte. Dann sind hohe Sohlen nur noch nachgeahmter Schmuck der häßlichen Frau und keine Hilfe mehr für eine schöne Frau, noch schöner zu werden. Daher tragen jetzt oft aus Opposition Frauen mit ganz kleinen schmalen Goldlilien eine flache Sohle, um von den falschen verschieden zu sein. Nur bedenken sie nicht, daß jeder von der hohen Sohle Wunder erwarten wird, wenn sich diese Mode einmal durchsetzt, und daß dann die hohe Sohle erst recht ein Ziel für alle Zeiten wird. Tatsächlich, sie läßt große Füße kleiner erscheinen, und ohne sie wirken kleine Füße größer. Wenn einmal ein Fuß von zehn Zentimetern ohne hohe Sohle und ein Fuß von 13 oder 16 Zentimetern mit ihr nebeneinander stehen, so findet man den großen klein, den zu zehn Zentimetern aber groß. Mit Sohle nämlich gehen die Zehenspitzen nach unten, und man hält die Oberseite des Fußes für die Zehenspitze. Ohne Sohle aber weisen die Jadesprossen zum Himmel, und die Zehenspitzen sehen aus wie die Fußoberseite. Ich finde daher, man soll die hohe Sohle doch nicht wieder aufgeben, nur aber nicht übertreiben.

Für große Füße sind dicke Schuhe gut, dünne nicht, weil nämlich bei ihnen ihre Form sichtbar wird; weiter sind große Schuhe für große Füße gut, weil zu kleine schmerzen und die Frau dann nicht gut laufen kann. Wenn ich im Bild ausdrücken darf, wie dünnste und kleinste Füße aussehen sollen, so stelle ich sie mir vor wie einen Kranich unter einer Schar von Hühnern. Der Kranich will nicht anders aussehen als sie, aber er ist von Natur von ihnen verschieden. Frauen mit großen Füßen und einer Schuhsohle wie ein Geldstück so groß können nicht damit laufen, sie wackeln nur.

Die Alten haben immer mit ihren Bezeichnungen das Richtige getroffen, wir sahen das schon oben bei den Bezeichnungen ›Ringeldrache‹ und ›Rabenwolken‹. Nur bei dem Ausdruck für Frauenfüße ist der Ausdruck genau umgekehrt als das Bild. Wie ich das meine? Ein Frauenfuß soll etwas ganz Kleines sein, aber eine Lotosblume ist die größte Blume, die es gibt. Immer nennt man Frauenfüße ›Goldlotos‹, und die kleinsten Füße nennt man ›Goldlotos von drei Zoll‹. Sähe ein Frauenfuß wirklich wie die Blüte eines Lotos aus, könnte man da noch ein Wort über seine Maße verlieren? Selbst die kleinsten und schmalsten Lotosblüten sind doch mehr als drei Zoll groß. So ist dieser Ausdruck ›Goldlotos‹ für mich unerklärlich.*

Frauenschuhe hat man immer als ›Phönixkopf‹ bezeichnet, und Leute, die den Ausdruck wörtlich nahmen, haben auch Phönixe aus Gold und Silber auf die Schuhspitze genäht. Aber überlegen Sie doch, daß der Phönix nächst dem Vogel Rokh der größte aller Vögel ist! Man will zwar ein Lob aussprechen, wenn man einen Frauenschuh so bezeichnet, aber eigentlich ist das doch viel eher ein Tadel! Manche meinen, darunter sei nur die Form verstanden, der Phönix habe einen spitzen Kopf und einen großen Leib, daher käme die Bezeichnung. Aber sämtliche Vögel haben einen spitzeren Kopf als ausgerechnet der Phönix, warum hat man gerade nach ihm den Namen gewählt? Noch dazu hält der Phönix seinen Kopf höher als alle anderen Vögel, und beim Frauenfuß ist es gerade schön, wenn die Spitze nach unten geht und verborgen ist. Wäre sie so hochstehend wie der Kopf eines Phönixes, könnte man den Fuß doch überhaupt nicht mehr anschauen! So läßt sich also auch der Ausdruck Phönixkopf nicht erklären.

Aber woran haben denn die Alten gedacht, als sie sich diese Namen ausdachten? Lassen sie sich gar nicht erklären? Ich habe eine Erklärung, und zwar die: die Sitte des Bindens der Füße der Frauen ist noch nicht alt, sondern eine neuere Sitte. Als man den Ausdruck prägte, waren die Füße der Frauen noch wie die der Männer; sie waren zwar wohl immer etwas kleiner als Lotosblüten und etwas spitzer als Phönixköpfe, aber diese gebundenen Füße wie heute gab es noch nicht, und man hatte nicht so kleine Füße wie wir jetzt. Ich meine also, diese beiden Ausdrücke sind schon sehr alt, und der Name hat sich nicht geändert; seine Bedeutung ist verloren. Wollte man seine Bedeutung ernst nehmen, so würde etwas sehr Häßliches aus einem Frauenfuß, man würde sich irreleiten lassen durch Festhalten am Alten. Und nicht nur dies allein: der Phönix ist der Herr der geflügelten Tiere, er steht in gleichem Rang wie der Drache und ist somit ein Tier, mit dem die Herrscher ihre Kleider und Geräte schmücken dürfen. Ist es nicht ein großer Mißbrauch, mit solchem Tier seine Füße zu schmücken? Ich fand es auch unangemessen, wenn Frauen ihre Strümpfe mit Phönixen oder Drachen besticken. Man sollte das abschaffen.

Ich finde es sehr schön, daß heute die Mädchen ihre Schuhspitzen nicht mehr mit Phönixen, sondern mit Perlen besetzen. Perlen kommen aus dem Grunde des Meeres, sie müssen unter den ›kleinen Strümpfen, die wie kalte Wellen sind‹ sein. Außerdem sind Perlen von Reiskorngröße nicht sehr teuer, und eine einzige auf der Spitze des Schuhes ist ganz genug. Betritt eine solche Frau den Teppich zum Tanzen und Singen, so sind es Perlen auf der sich bewegenden Scheibe – bei den Wolken und dem Regen im Garten der Liebe aber sind es Perlen in der Hand. Daran hat der Urheber dieser Sitte natürlich nicht gedacht, genausowenig wie bei der Wandlung der Farbe der Kleider. Es ist ein zufälliges, aber schönes Zusammentreffen.

Die Farbe der Strümpfe soll genau umgekehrt wie die der Schuhe sein. Die Strümpfe sollen möglichst hell, die Schuhe möglichst dunkel sein, weil sie erst durch den Farbgegensatz hervortreten. Heute tragen die Frauen gern weiße Strümpfe und dunkelrote oder schwarzblaue Schuhe. Das ist vollkommen geschmackvoll. Nur wenn es jede Frau so macht, wird es etwas langweilig. Ich würde daher vorschlagen, die Farben einmal umzustellen und die Strümpfe dunkel sein zu lassen und die Schuhe hell. Dann werden die kleinen Füße noch deutlicher sichtbar. Denn weiter soll die Farbe der Schuhe nicht so sein wie die des Erdbodens. Dieser ist lehmfarben, erd- oder ziegelfarben, also meist dunkel. Wenn etwas Helles auf dem dunklen Boden steht, sind die Farbgrenzen sehr klar, und die Farbe des Bodens stört nicht die Farbe der Schuhe. Wenn die Farbe des Bodens dunkelschwarz ist und die Schuhe auch so oder der Erdboden grün und die Schuhe auch grün, dann kommt die Größe der Füße gar nicht zum Vorschein. Daher müssen Frauen mit großen Füßen es umgekehrt machen: sie müssen für Schuhe dieselbe Farbe wählen, die der Erdboden hat, dann verstecken sie ihren Mangel. Das ist für sie außer der hohen Sohle noch ein weiterer Trick. Jedenfalls ist das meine Meinung. Aber bitte fragen Sie den Herrn vom goldenen Haus oder die schöne A-tchiao, ob es richtig ist oder nicht!

IV. Die Bildung der schönen Frau

1. Einleitung

›Fehlen von Begabung ist eine Tugend bei einer Frau‹: dies Sprichwort scheint zwar vernünftig zu sein, und doch ist es falsch und grundlos. Ja, kluge Frauen verlören viel öfter ihre Keuschheit und legten überhaupt nicht solchen übertriebenen Wert auf sie wie Frauen ohne Begabungen. In einem alten, melancholischen Lied wird von einem Mann erzählt, der ins Unglück kam, weil er Beamter war. Da hielt er es für gefährlich, durch Studium einen Beamtenrang verliehen zu bekommen, und er ermahnte in seinem Testament seine Kinder und Enkel, ja nicht zu studieren und Beamter zu werden. So ähnlich ist das mit den unbegabten Frauen. Genau, wie wenn man das Essen abschaffen wollte, weil es einem einmal schlecht bekommen ist. Sollte man wirklich alle Bücher wegwerfen und sämtliche Beamtenposten abschaffen? Ich finde, daß durchaus kein unüberwindlicher Gegensatz zwischen Begabung und Tugendhaftigkeit besteht. Nicht alle begabten Frauen sind verworfen, genausowenig, wie alle unmoralischen Frauen gebildet sind.

Nur muß der Mann nicht bloß Interesse an der Bildung seiner Frau haben, sondern muß diese auch richtig lenken können. Natürlich besteht auch noch ein Unterschied zwischen Nebenfrauen, Gefolgsfrauen und Dienerinnen und der Hauptfrau. Die Heirat mit der Frau ist wie der Kauf eines Feldes oder Landgutes: man baut nur Getreide an, man pflanzt nur Maulbeer und Hanf, und alles, was ein wenig hübsch aussieht, reißt man aus, weil es auf einem Land wächst, das Essen und Kleidung hervorbringen soll und dessen Kraft begrenzt ist. Ein solches Feld kann nicht noch alles andere hervorbringen. Wenn man aber eine Nebenfrau nimmt, ist es wie das Anlegen eines Gartens: man pflanzt Blumen, die Samen tragen, neben solchen, die keinen tragen; man pflanzt Bäume, die Schatten spenden, neben anderen, die nie Schatten geben werden, denn einen Garten schafft man sich nur zu seinem Vergnügen an. Ohren und Augen sollen etwas davon haben, und der Mund und der Magen kommen dabei manchmal zu kurz. Man kann eben nicht gleichzeitig Schönes und Nützliches in einem vereinen.

Wenn ein Mann das Haus voller Frauen hat, sind sie alle dumm. Denn, wenn ich reden will, sind sie still; will ich meine Ruhe haben, so schwatzen sie. Sie antworten nicht auf das, was ich frage, und was sie sagen, ist nicht das, was ich wissen wollte. Das ist beinahe dasselbe, als wäre man in einer Fuchshöhle. Es ist nur sinnlicher Genuß dabei, nichts weiter.

Man kann über Bildung der Frau nur zusammen mit Schmuck und Kleidung sprechen. Und Pinsel und Tusche, das Lesen und Schreiben, kommen an erster Stelle; danach folgen Seide und Bambus,* dann Tanz und Musik. Daß Handarbeiten Frauensache sind, brauche ich nicht zu sagen. Manche Frauen wollen nur Männerkünste ausüben und keine Frauenarbeiten. Sie

halten das Weben für eine niedere Fronarbeit, sie halten Nadel und Faden für ihren persönlichen Feind, ja manche wollen noch nicht einmal selbst ihre dreizollgroßen gebogenen Schuhe machen, sondern wollen sich dafür eine alte Frau oder ein armes Mädchen bestellen. Das geht gegen die Natur. Meiner Ansicht nach steht von allen Frauenarbeiten immer das Nähen an erster Stelle, aber wenn eine Frau die Handarbeiten richtig kann, dann soll sie auch etwas anderes noch lernen. Ich spreche nur deshalb hier von den Künsten und nicht von Frauenarbeiten, weil ja jede Frau in jedem Haus genau weiß, wie man Wundervögel und Phönixe stickt oder malt. Es ist wirklich unnötig, das hier noch einmal aufzuführen. Ich erwähne die Handarbeiten hier aber doch, weil ich fürchte, daß Spätere sonst ganz darüber hinweggehen und sie vielleicht in Mißkredit bringen könnten. Ich äußere hier zwar immer nur meine bescheidenen eigenen Ansichten, aber auch die dürfen nie die große Moral außer acht lassen. Das muß immer die Grundtendenz allen Redens und Schreibens bleiben!

2. Literarische Ausbildung

Das erste ist, Schreiben zu lernen, wenn man sich Bildung aneignen will. Das ist nicht das schwerste, sondern das ist das Anfangen mit dem Leichtesten. Für jedes Ding der Welt gibt es einen Schlüssel, der es öffnet. Und literarische Bildung ist dieser Schlüssel, der alles öffnet. Ein gewöhnlicher Schlüssel eröffnet nur eine Tür und schließt nur eine Tür. Aber die Bildung als Schlüssel öffnet nicht nur tausend und abertausend Türen: sie eröffnet sämtliche, im Himmel, auf der Erde, in allen Städten, in allen Provinzen. Nichts ist zu groß für sie, nichts zu klein. Sie ist der Polpunkt für alles, was man tun und was man lernen muß; sie beherrscht alles. Dies sage ich nicht nur für Frauen und Mädchen; alle Gelehrten, Bauern, Arbeiter, Kaufleute, jeder Anhänger einer der drei Religionen oder neun Weltanschauungen, sämtliche Handwerker und Künstler müssen alle der gleichen Ansicht sein.

Es ist schon wunderbar, daß man die ganze große Welt in diese beiden Worte ›literarische Bildung‹ einfangen kann. Ich weiß nicht, ob es innerhalb dieses Begriffes noch Teilungen in Wichtiges und Unwichtiges geben darf. Aber Schreiben lernt man jedenfalls nicht um des Schreibens willen, sondern nur, um dies eine einsehen zu können. Hat man eingesehen, was für ein Schlüssel die Bildung ist, dann sind die einzelnen Buchstaben nur noch Ziegel, die man zum Anklopfen an die Türe benutzen kann; man könnte sie auch wegwerfen. Alle anderen Künste der Welt kommen aus diesem Quell ›Bildung‹, und ihre Erlernung ist viel leichter, wenn man diesen Quell kennt, als ohne seine Kenntnis. Aber wenn man nicht lesen und schreiben kann, kann man an ihn nicht herankommen. Also ist Schreibenlernen die erste Vorbedingung.

Frauen brauchen ja beim Schreibenlernen nicht bis zur höchsten Vollkommenheit zu kommen; je mehr und besser man schreiben kann, desto größer ist der Nutzen, aber auch wenig Kenntnis bringt immer schon Nutzen. In jeder Tätigkeit wird sich das zeigen. Ich meinte einmal, ein Maurer oder Zimmermann, der schreiben kann und seine Rechnungen selbst aufstellen kann, kann auch seine Häuser und Zimmer oder Geräte und Schüsseln besser als ein ungebildeter machen, dazu mit halbem Aufwand und doppeltem Erfolg. Man glaubte es mir nicht, ließ es aber von mehreren Menschen nachprüfen, und es war wirklich so, wie ich gesagt hatte. Das ist also schon so bei den einfachen Handwerken, wieviel mehr noch bei den feinen Künsten! Darum muß man schreiben können, darum muß man die Quellweisheit verstehen.

Bei Frauen liegt die einzige Schwierigkeit im Anfang des Schreibunterrichts. Nach dem Anfang stellen sie sich immer als klüger als die Männer heraus. Das Denken der Männer ist nämlich verzettelt, das Herz der Frau aber einheitlich. Am besten ist es, sie in die Künste einzuführen, wenn man noch keine persönlichen Gefühle in ihnen geweckt hat. Sobald man mit ihnen in einer gefühlsmäßigen Verbindung steht, sind Wille und Denken bei ihnen nicht mehr eins, wie vorher; sie sind zerteilt. Aber man kauft doch meist die Nebenfrauen im Alter von dreimal fünf oder zweimal acht Jahren, und wer wird so hart sein, sie zu heiraten, aber nicht mit ihnen zu verkehren, sondern sie erst Kinderweisheiten lernen zu lassen? Wenn sie tatsächlich lernen müßten, noch ehe sie um Liebe wissen, würde sich nie ein Lehrmeister für sie finden!

Das alte Sprichwort, daß man jemand mit Ruhe gut weiterführen könne, ohne auf seine Anlagen Rücksicht zu nehmen, gilt nicht für Frauen. Erst soll man ihnen Schriftzeichen beibringen, später sie schreiben lehren. Man soll sich nicht bemühen, ihnen jeden Tag möglichst viele Schriftzeichen einzupauken, sondern immer nur einige. Erst nehme man die, die möglichst wenig Striche haben und die mit dem Auge am leichtesten zu erfassen sind. Dann gehe man langsam zum Schwereren über und zu mehr Strichen. Im Lauf von Tagen und Monaten nimmt man immer mehr und mehr, und nach einem halben Jahr oder Jahr braucht man seiner Frau nicht mehr zu befehlen, zu lesen. Sie kann sich dann schon alles selbst erklären und verstehen. Sobald sie Freude am Lesen hat, gebe man ihr schnell eine Novelle mit einer Liebesgeschichte oder einen Roman mit dramatischer Verwicklung und lasse sie es lesen. Das ist ein Buch, aber ihr kommt es vor, als sei es gar keins. Ohne Zürnen, ohne Aufforderung wird sie dadurch weiter geleitet und hat den besten Anfangslehrer. Wie das zu erklären ist? Weil doch die Worte in den Romanen und Novellen alles Worte des täglichen Lebens sind. Wenn die Frau sie liest, kommt es ihr vor, als träfe sie alte Bekannte. Und wenn darin beispielsweise ein Satz aus zehn Worten besteht, so kennt sie davon schon sieben oder acht und kann ruhig weiterlesen, denn sie kann durch die Zeichen, die sie kennt, die unbekannten erfassen. Also brauche ich ihr die unbekannten Worte nicht zu erklären, sondern die Novelle oder der Roman erklären sie ihr. So kann sie sich hierdurch allein weiterbilden.

Wenn sie dann noch von ihrem Mann geschickt von leichterer zu schwererer Literatur geführt wird, dann können beide auf gemeinsamer Kopfbank über Dichtung sprechen, und das wirkt dann zehnmal besser, als bestiege der Mann den Lehrstuhl und gäbe Vorlesungen über Literatur. Das wirkt wie Regen zur richtigen Jahreszeit. Sucht man dann wieder aus zehn Frauen eine oder zwei besonders begabte aus und spricht so jeden Tag mit ihnen über Dichtkunst, läßt man sie allmählich die Aufbaugesetze der Dichtung erfassen, dann erkennt man bald, welche Frauen eine wirkliche Anlage für Dichten und Schreiben in sich haben. Ihnen kommen nur im Reim wohlklingende und harmonische Worte in den Mund. So ist zum Beispiel das Gedicht der Frau des berühmten Dichters Su Dung-po über den Mond in der Frühlingsnacht viel besser als sein Gedicht über den Mond in der Herbstnacht. Der Herbstnachtmond macht einen melancholisch, der Frühlingsnachtmond aber froh. Und das war kein absichtlich gemachtes Gedicht der Frau, sondern hingeworfene Worte. Su Dung-po fand diese Worte, die sie so hingeworfen hatte, rhythmisch richtig und meinte, sie sei eine Dichterin, und diese Anekdote von der Frau Su, der Dichterin, geht nun durch alle Zeiten. Aber man sieht daraus, daß man schon dichten kann, wenn die Worte, die man spricht, nur einfach harmonisch und gutklingend sind. Es müssen natürlich nicht alle Frauen so sein wie diese, aber wenn sie eben nur ein

ganz klein wenig von Büchern verstehen, dann haben sie den Schlüssel in der Hand für alle anderen Künste und Fertigkeiten und brauchen sich nie über Schranken zu ärgern.

Ich brauche ja nicht zu erzählen, wie vielseitig der Nutzen für die Frau ist, wenn sie lesen und schreiben kann. Schon beim Anfang hat der Mann seine Freude daran, wenn er zuschaut, wie sie auf dem Tisch die Bücher aufgebaut hat, in der Hand den weichen Pinsel führt, am grünen Fenster, hinter türkisfarbenen Vorhängen sitzt. Das ist schon ein liebenswertes Bild! Und die Schönheit der Dame Ban, als sie die Geschichtsannalen fortführte, oder der Dame Hsieh, als sie den Schnee besang, können nicht größer gewesen sein! Was kommt es da noch darauf an, ob ihre Themata gelungen sind, wenn man nachher die Freuden des gemeinsamen Zimmers hat! Bilder wie diese gibt es nicht wenig, und es ist schade, daß Leute, die das haben können, es für etwas ganz Gewöhnliches halten!

Wenn man will, daß eine Frau Gedichte machen lernt, lasse man sie zuerst viel lesen. Dann kommt sie nämlich nicht mehr von den Gedichten frei, und wenn sie spricht, kommen von selbst Gedichtsinhalte und Gedichtsstimmungen in ihre Worte hinein und machen aus ihnen eine himmlische Flöte, die von selbst anklingt. Zu welchem Ziel sie dabei kommt, liegt natürlich ganz an der Qualität der Gedichte, die sie gelesen hat. Das wichtigste bei der Auswahl von Lesestoff für sie ist, daß man ihren Fähigkeiten möglichst entgegenkommt. Was soll man also auswählen? Ich finde: Einfaches und doch Scharfsinniges. Es muß leicht zu verstehen und leicht zu lernen sein. Anderseits besteht die Klugheit der Frauen vorwiegend in Scharfsinn, und wenn sie scharfsinnige Gedichte lesen, ist es, wie wenn sie eine alte Freundin träfen, sie freuen sich daran und wollen sie gern lernen. In dieser Art also muß man ihren Fähigkeiten entgegenkommen. Die besten Gedichte für Frauen sind Gedichte aus der späten Tang- und aus der Sung-Zeit. Frühe Tang-Gedichte nehme man nicht, und noch frühere Gedichte verstecke man sogar vor ihnen. Das würde nämlich nur ihr Fortkommen hindern, sie würden es nie schaffen, sie zu lernen, wenigstens meiner Ansicht nach. Ein kluger Mann wird hier vielleicht auflachen, aber meine Begabung ist nur mäßig und mein Wissen schlecht, es reicht gerade dazu, ein Lehrmeister für Frauen zu sein, nie bin ich dazu gekommen, mich auf die hohe Terrasse der Liederdichtung zu begeben, und daher ist es kein Wunder, wenn meine Ausführungen über diese Fragen weniger als schlecht sind.*

Frauen, die Talent zum Singen haben und die lesen können, kann man immer lehren, Liedchen zu machen. Verse finden sie jeden Tag in den Theaterstücken, und wenn sie viel davon in sich aufgenommen haben, können sie sie auch leicht wieder von sich geben. Das ist noch weniger Arbeit als Gedichte machen. Der richtige Theaterlied-Stil hat ja sehr lange Lieder, und jeder einzelne Akt hat mehrere Lieder. Da muß man sich schon sehr hineinknien, um das zu lernen. Aber Liedchen sind kurz und einfach, wie etwa ›Lange aneinan-

der denken‹, ›Seide am Bache Wan‹, ›Traumlied‹ oder
›Der Schmetterling liebt Blumen‹;* jedes von diesen
besteht doch nur aus zehn bis zwanzig Worten, und
man kann es zu einer Vollkommenheit bringen, wenn
man sich in diesen Formen übt. Schließlich sind doch
viele Liedersammlungen von Frauen geschrieben, eben
weil die Aufbaugesetze leicht zu lernen, der Text leicht
nachzuschaffen ist. Eine Frau, die diese Liedchen machen kann, kann allmählich zu längeren übergehen und
dann richtige Lieder machen. Das ist dann auch für sie
nicht schwer. Wenn eine Frau so selbst Gedichte und
Lieder machen kann, dann hat man in ihr den Gelehrten und die Frau vereint, und von den ältesten Zeiten
her hat kein Dichter je etwas Schöneres finden können.
Ich glaube, sogar die Götter der Oberwelt würden ihre
Freuden lassen und herabsteigen auf die Erde und eine
solche Frau suchen.

Das hat noch keiner vor mir ausgesprochen, es ist
ganz allein eine Idee von mir, und wer sich dieses
Glück verschaffen kann, der sollte dann auch den nicht
vergessen, der ihm den Weg dazu gewiesen hat.

Wer wirklich gebildete Frauen haben will, dessen
Frauen müssen schreiben, malen, Zitherspielen und
Schachspielen können. Aber das Lernen muß je nachdem verschieden sein, man soll mit dem Wichtig-
sten zuerst beginnen, die anderen Künste kann man,
wenn die Begabung reicht, dann der Reihe nach hin-
zunehmen. Aber wenn eine Frau auch nur von einer
dieser Künste etwas versteht, gilt sie schon als
gebildet.

Die Zither gehört zu den Musikinstrumenten, ist aber ein besonderes Fach. Hier hängt der Unterricht vom Lehrer ab, das Erlernen aber von der Frau selbst. Der Lehrer kann nicht erzwingen, ob der Stil gut oder schlecht, flach oder tief ist.

Malen ist die am wenigsten wichtige Kunst für Frauen, ob sie es lernen wollen oder nicht, liegt ganz an ihnen.

Aber ›Handunterhaltung‹* sollte man sie nicht allein lernen lassen, sondern sie darin unterrichten, denn dann haben beide etwas davon. Sie hat noch einen anderen Nutzen: Wenn Frauen nichts zu tun haben, kommen sie bestimmt auf falsche Gedanken. Beherrschen sie aber *diese* Kunst, so geschieht das nicht. Das ist das eine. Weiter aber: Wenn Frauen zusammensitzen, kommt es leicht zu Streit, und wenn man dann die Zungen durch die Hände ersetzt, werden die lauten Frauen still. Das ist das zweite. Schließlich, wenn Mann und Frau ohne eine besondere Tätigkeit zusammen sind, gehen ihre Gedanken immer auf Geschlechtliches. Hat man aber nach dem Gitarre- oder Zitherspielen, nach Weihrauchverbrennen und Teetrinken leere Minuten und setzt sich nicht eine neue Aufgabe, so ist zuviel Ruhe da, und die Gedanken regen sich. Im Widerstreit zwischen diesen beiden, Ruhe und Gedanken, bleibt man nicht am Tische sitzen, sondern begibt sich aufs Bett. Geht man aber einmal zur ›Handunterhaltung‹ über, so verfliegen alle solchen Gedanken. Es gibt keine bessere Art, die Waffen zu kühlen und das Feuer zu bändigen.

Aber wenn man mit einer Frau zusammen spielt, soll man sie nicht zu besiegen versuchen, sondern ihr lieber ein paar Züge zugestehen und sie gewinnen lassen. Dann hat man Freude und keinen Streit. An ihrem Lachen hat man seine Freude. Läßt man sie aber absichtlich verlieren, dann hat man einmal nachher diese Freude nicht, und weiter hat sie auch später keinen Spaß mehr an dem Spiel. Wenn zarte Fingerspitzen unentschlossen die Schachfiguren ergreifen und nicht absetzen, so ist das so schön, daß es einem die Seele rauben könnte. Ich kann mir nicht vorstellen, daß es zwischen Himmel und Erde einen Mann geben kann, der nicht anders kann, als ein solches Wesen unbedingt besiegen zu müssen.

Das Zweifelderschach und das Topfwerfen sind weniger wichtige Spiele. Das Steinchenspiel und Wettspiele können ja auch die Zeit vertreiben und sind leicht zu lernen und zu lehren, man wird sie daher nicht auslassen können.

3. Die Musik

Die Zither ist das höchste aller Instrumente, und die Zithermusik ist zugleich die einzige, die sich am wenigsten geändert hat. Alle anderen Musikarten sind ganz modern. Frauen können ihren Charakter verändern, wenn sie Zither spielen lernen. Und kein Mann, der im Lande der Weichheit und Wärme leben will, kann auf dieses umformende und umschmelzende Instrument

verzichten. Allerdings ist Zitherspiel besonders schwer zu lernen. Es ist auch nicht für jeden Zuhörer ohne weiteres verständlich. Wer will, daß seine Frauen dieses Instrument spielen lernen, muß sich erst selbst fragen, ob er spielen kann. Nur dann hat es Zweck, daß seine Frauen es auch lernen. Sonst macht der Spieler bloß Töne, und der Zuhörer sitzt gelangweilt und paßt nur gezwungenermaßen auf und wartet auf Fehler. Das ist dann keine Musik mehr, die einem Freude macht, sondern ein Instrument, das Schmerz bereitet. Was hat es denn für einen Zweck, das zu lernen? Jeder Mann, der sich eine Nebenfrau oder Geliebte kauft, tut das doch nur zu seinem Vergnügen, und er bringt ihr nur das bei, woran er selbst Freude hat. Er läßt sie nicht lernen, was ihm selbst keine Freude macht. Wenigstens handelt ein Mann so, der weiß, wie man sich selbst Freude schafft.

Ich kannte einmal einen reichen Mann, der hörte furchtbar gern moderne Arien und haßte die steife Kühlheit der alten.* Aber weil man heute den alten Stil so schätzt, zwang er seine Singknaben dazu, ihn zu singen. Bei jeder Arie runzelte er die Augenbrauen lange Zeit, und auch die Gäste empfanden den Schmerz und die Unlust mit ihm. Das war ein Mann, der nicht wußte, wie man leben muß. Ich finde, jeder Mensch hat naturgegebene Vorlieben und Abneigungen. Wenn aber unsere Vorlieben nicht als passend gelten und unsere Abneigungen als nicht richtig, haben wir durchaus das Recht, gegen solch ein Vorurteil anzugehen. Und wenn wir das tun, dann besteht kein Vorurteil mehr.

Ich selbst habe immer drei Dinge nicht gemocht, die alle anderen Menschen lieben: von den Früchten mag ich die Olive nicht, von den Gerichten die Haifischflossen nicht und von der Kleidung die feinen Shantungseiden nicht. Natürlich, wenn ich eins von diesen drei zu essen oder als Kleidung bekomme, esse ich es und trage es auch, aber noch nie habe ich es mir selbst gekauft, weil ich einfach nicht verstehe, worin deren Besonderheit liegt. Ein Sprichwort sagt: ›Ein Bauer, der eine Olive ißt, weiß nichts von dem Geschmack, der nachher im Munde bleibt.‹ Vielleicht bin ich wirklich ein rechter Bauer! – Aber ich sollte nicht so weit abschweifen!

Man fragte mich: Du sagst, nur ein Mann, der selbst gut Zither spielen kann, kann seine Frauen es lernen lassen. Dann müßte es beim Gesang- oder Tanzunterricht genauso sein? Und wie viele Männer mit Bart und Augenbrauen können selbst singen und tanzen? Ich erwidere darauf: Nein, denn singen und tanzen ist zwar nicht einfach zu erlernen, aber leicht zu verstehen. Wer die Weichheit und Eleganz der Töne hört, wer die Leichtigkeit und Rundheit der Bewegungen sieht, braucht nichts von Musik zu verstehen, um mitsprechen zu können. Das können Gastgeber und Gäste sämtlich verstehen. Aber Zither ist leicht zu spielen, dagegen schwer zu genießen. Musik und Tanz sind eine elegante Sitte, die alle schön finden; aber wer nicht selbst Zither geübt hat, versteht es nicht. Nur ein guter Spieler kann es würdigen. Hätten im Altertum nicht Bo-ya den Dsi-tji oder der Dichter Hsiang-ju die Wen-djün getrof-

fen: beide hätten den ganzen Tag lang die Saiten bewegen können, es wäre doch nur leeres, vergebliches Gespiele gewesen.* Gute Spieler gibt es heutzutage viele, aber wenige gute Zuhörer. Gute Lehrer, die eine schöne Frau unterrichten können, gibt es zahlreich, aber solche, die wirklich darin etwas ausdrücken können, nur sehr, sehr wenige. Alle wollen spielen können, aber an wirkliches Spielen denken sie nicht. Das meinte ich eingangs, als ich hierüber zu sprechen begann. Jemand, der gut Zither spielen kann, sollte alle anderen Künste aufgeben und sich nur dieser einen Kunst widmen.

Bildlich sagt man, eine gute eheliche Harmonie sei wie ein Zitherspiel klingend, ein bezauberndes, keusches Mädchen liebt man wie eine Zither. Wirklich, das Spielen kittet Mann und Frau zusammen zu einer Einheit, sie können sich nicht mehr trennen. Ist man vor Blumen und unter dem Mond, in einer schönen Umgebung, zu schöner Stunde, an der Kühle einer Wasserhalle, unbeschäftigt mit einer schönen Frau zusammen, und singt dann der Mann, und die Frau begleitet ihn, oder die Frau spielt, und der Mann hört zu, oder beide singen zusammen, und es klingt makellos und rein zusammen, das ist doch, als wenn man sich unter Göttern befände – gleich, wo man ist. Schon ein Bild von einer solchen Szene nimmt dem Beschauer den Verstand; Männer und Frauen, die Musik lieben, schauen es voller Eifersucht an …

Von allen Blasinstrumenten ist für Frauen nur die Flöte geeignet, und zwar nur die Hohlflöte und gelegentlich einmal die Querflöte, aber nicht die Mundorgel oder die Flöte mit sechs Löchern. Diese beiden können höchstens einmal, wenn es nicht anders geht, mit mehreren Instrumenten zusammen benutzt werden, aber eigentlich gehören sie nicht in die Frauengemächer hinein. Denn die Vortragsart ist bei Männern und bei Frauen ja nicht gleich. Trägt ein Mann vor, so kommt es einem auf die Töne an; bei der Frau aber auf die Gesamtwirkung. Spielt eine Frau die Mundorgel oder die sechslochige Flöte, so hört es sich zwar auch schön an, ist aber kein ästhetischer Anblick. Man muß dabei die Luft anhalten und die Brust anfüllen; das verhäßlicht das Blumengesicht einer schönen Frau. Deshalb soll sie es nicht spielen. Spielen auf der Hohlflöte aber verändert nicht nur das Aussehen der Frau nicht, sondern es kann sogar noch ihre Reize steigern. Wenn sie so spielt, werden die Jadesprossen ihrer Finger noch spitzer, und wenn der schmale Mund, der wie junger Bambus ist, die Töne bläst, werden die roten Lippen dadurch noch kleiner. Frauenmaler malen oft Porträts von flötespielenden Frauen, weil sie daran leicht ihre Schönheit zeigen können.

Noch schöner klingt es freilich, und noch viel schöner sieht es aus, wenn zwei Frauen zusammen die Quer- und die Hohlflöte spielen. Wenn man sie spielen läßt, während man dazu Weihrauch abbrennt und Tee trinkt, fällt es leicht zu glauben, sich nicht mehr unter Menschen zu befinden.

Jede Flötenspielerin muß einen Armring am Arm tragen. Dieser darf nicht zu weit sein, sonst versteckt er sich im Ärmel, und man kann ihn nicht sehen.

4. Gesang und Tanz

Die Alten ließen ein Mädchen nicht des Tanzes oder des Gesanges wegen singen und tanzen, sondern des Klanges und der Haltung wegen. Soll eine Frau eine weiche und elegante Stimme haben, so muß man ihr Gesangsunterricht geben. Dann ist später jeder Laut ihres Mundes wie das Gezwitscher von Schwalben oder der Gesang von Oriolen. Sie braucht gar nicht zu singen, aber ihre Stimme klingt schon wie Gesang.

Soll eine Frau eine leichte, gerundete Haltung haben, so muß man ihr Tanzunterricht geben, dann sieht jede Wendung ihres Körpers, jedes Heben eines Fußes aus wie das Wiegen einer Weide oder das Lachen einer Blume. Sie braucht nicht zu tanzen, schon ihre Bewegung ist Tanz.

Außerdem verfolgten die Alten bei ihren Erziehungsregeln immer einen äußeren und einen inneren Zweck. Man ließ früher den Sohn eines guten Bogenschützen zuerst Schachspielen, den Sohn eines guten Gießers zuerst Pelze machen lernen. Wenn man eine Frau singen und tanzen lernen läßt, ist das genau, wie der Sohn des Bogenmachers Schachspielen lernen mußte und der Sohn des Gießers Pelze machen. Später vergaß man das und dachte, daß Klang und Haltung untrennbar mit Singen und Tanzen verbunden seien und daß es Klang nur beim Singen, Haltung nur beim Tanzen gäbe. Alle Mädchen, die die Leichtigkeit der ›Fliegenden Schwalbe‹ und die Anmut der I-guang haben, können außer Musik überhaupt nichts weiter.

Aber wie viele Stunden am Tage machen sie schon Musik und tanzen sie? Nein, wären Klang und Haltung nur wichtig für Singen und Tanzen, dann könnte man den Unterricht darin ruhig etwas unwichtig nehmen. Aber Gesang und Tanz sind dazu da, eine Frau auszubilden, daß ihre Stimme einen schönen Klang bekommt und daß ihre Haltung schöner wird, und darum muß die Ausbildung in beidem sehr wichtig und streng genommen werden. Man braucht nur einmal zu sehen, wie eine Frau, die nicht gut singen und tanzen kann, sich an einen Mann anklebt und ihn zum Liebesspiel verleiten will, um zu wissen, daß das kein schöner Klang der Stimme und keine schöne Haltung mehr ist.

Man meint, daß Blasinstrumente schöner als Saiteninstrumente, menschliche Stimmen aber schöner als Blasinstrumente seien, weil sie dem Natürlichen am nächsten kommen. Ich meine aber, daß Männergesang, wenn er ganz ausgebildet ist, den Blas- und Saiteninstrumenten gleichwertig ist. Er ist die Blasmusik des Gesanges, die Saitenmusik des Gesanges. Woher ich das weiß? Achten Sie nur einmal darauf, was man über guten Männergesang sagt. Man sagt, er sei fein wie Saitenmusik oder rein wie Blasmusik. Daraus läßt sich das erkennen.

Frauengesang ist ganz und gar lebendige Musik. Es heißt zwar: ›Ein Lied aus dem Munde einer schönen Frau ...‹, aber es braucht keine schöne Frau zu sein, sondern jede Frau, die schön singen kann, sei sie schön oder häßlich, hübsch oder garstig, sie singt immer anders als ein Mann. Es gibt Menschen, die nicht gut aussehen, die aber schön singen können. Nie aber gibt es eine Frau, die gut aussieht und nicht auch gut singen kann. Es kommt alles darauf an, daß man sie richtig unterrichtet, daß man sie richtig leitet, daß man sich nach ihrer Begabung richtet und nicht ihre natürliche Veranlagung zerstört.

V. Der Mann und die Frau

1. Das Zusammenleben

Die höchsten Freuden sind die Freuden des Hauses, und doch entstehen immer wieder Eifersucht und Streit, weil die Menschen diese Freuden nicht zu genießen verstehen, und so werden sie oft gar zu einem Unglück für die Menschen. Andere wieder, die sie zu gut zu genießen verstehen, versinken in ihnen ohne Maß, schaden sich, verjubeln ihre Kräfte, lassen ihr Blut verdorren, sterben schließlich dadurch. Verstehen und Nichtverstehen der Dinge um Mann und Frau sind gleich schädlich.

Und so teilen sich denn die Lebensphilosophen in die zwei Lager: die einen empfehlen den Genuß der Freuden der Ehe, die anderen verbieten ihn. Jeder besteht auf seiner Ansicht, jeder bekämpft den anderen. Aber – wenn der Himmel den Mann geschaffen hat, wozu schuf er dann die Frau, wenn der Mann sich fernhalten soll von ihr und anderseits doch wieder sich nicht fernhalten? Das ist eine Frage, an der sich die Menschen aller Zeiten vergeblich versucht haben.

Lassen Sie mich diese Streitfrage durch einen Vergleich schlichten. Ich bin der Ansicht, daß Männliches und Weibliches ebensowenig getrennt voneinander bestehen können, wie man Himmel und Erde trennen kann. Nähme man den Himmel von der Erde weg, so würde es nicht nur keine Erde mehr geben, sondern zugleich auch keinen Himmel mehr. Beständen Flüsse und Meere nicht mehr, wo sollten sich dann Sonne und Mond verbergen, wohin sollten Regen und Tau herabrinnen? Die meisten Menschen wissen nur, daß die Erde Sonne und Mond verbirgt, aber sie wissen nicht, daß sie auch die Sonne und den Mond zeugt; sie wissen nur, daß die Erde den Regen und den Tau entgegennimmt, aber sie wissen nicht, daß sie auch Regen und Tau erzeugt. Die Erde kann die Kraft, den Samen des Himmels aufnehmen, aber sie schadet dem Himmel nicht, sie ist dem Himmel eine Helferin. Woher kommt das? Weil der Himmel die Erde nutzen kann, sich aber nicht von der Erde benutzen läßt. Will der Himmel, daß die Erde dunkel wird, so wird die Erde nicht wagen, hell zu bleiben; will er sie hell haben, wird sie nicht wagen, dunkel zu bleiben. Das Wasser ist in der Erde, aber gäbe der Himmel keinen Wind, so könnten sich Wogen und Wellen nicht bewegen. Der Humus ist auf der Erde, aber ohne die Hilfe des Himmels würden nie Pflanzen und Gräser auf ihm wachsen. So benutzt der Himmel die Erde, genau wie der Mann der Herr des Hauses ist und die Macht über alles hat. Die Erde ist dem Himmel untertan, so wie die Frau dem einen Mann untertan ist, dem sie für Essen und Trinken, Schlafen und Wohnen zu sorgen hat.

Wenn das so ist, darf man dann auf die Ehe auch nur einen Tag verzichten? Es liegt nur daran, ob der Mann die Freuden zu genießen versteht oder nicht. Aber verstehe ich sie zu genießen, so gibt es nichts Besseres als eine Ehe.

Mit einer toten Medizin, wie Ginseng, Schafgarbe oder anderem, einen lebendigen Menschen zu behandeln ist, wie wenn man auf einen lebenden Baum ein dürres Holz aufpfropfen wollte. Man bringt es nicht leicht fertig, daß der Saft durchläuft. Alte Frauen wie junge Mädchen aber sind lebendige Medizin. Wenn man mit einer lebendigen Medizin einen lebendigen Menschen behandelt, ist es, wie wenn man eine Henne mit einem Hahn zusammentut. Es ist viel einfacher, daß der Saft hindurchläuft. Jeder Mann, der durch die Freuden der Liebe zu Schaden gekommen ist, hat sich immer von der Frau ausnutzen lassen, er hat die Erde zum Himmel werden lassen, er hat den Feind mit umgekehrten Lanzen und umgekehrten Schilden angegriffen. Wer ist denn mehr schuldig bei solchem Kampf: der, der getötet wird oder der, der tötet?

Man fragte mich: Nach Eurer Ansicht müßte also der Lao-tse unrecht haben, wenn er sagt: ›Wer nicht sieht, was er wünscht, dessen Herz gerät nicht in Verwirrung.‹ Ich sagte darauf: Gerade dieses Wort kann man noch erweitern. Jawohl, wer nicht sieht, was er wünscht, ist ohne Verwirrung, aber auch der, der immer sieht, was er wünscht, ist nicht mehr verwirrt. Wieso? Wenn jemand gänzlich allen Wünschen entsagt, Musik und alle anderen Freuden nicht mehr zu ihm kommen und keiner kommt, der ihn verführt, dann wird er auch nicht verführt. Aber dazu muß er der Welt entsagen und in die Berge gehen. Wenn er aber sonst den ganzen Tag nichts sieht, was seine Wünsche und eines Morgens kommt es zu ihm, dann ist er

zehnmal mehr innerlich verwirrt als ein anderer Mensch. Da finde ich es viel besser, täglich von dem umgeben zu sein, was man sich wünscht, und so sich daran zu gewöhnen. Dann wird das Herz auch nicht verwirrt. Und ist das nicht viel besser als bei dem Mann, der nie sieht, was er wünscht, mit einem Male aber unerwartet vor ihm steht? Die Lehre Lao-tses ist eine Lehre des Absagens an die Welt und des Nichthandelns. Die Lehre des Li Yü aber ist eine Lehre für den, der zu Hause lebt und arbeitet. Wenn beide Lehren nebeneinander bestehen, dann kann man in der alltäglichen Welt leben und genausogut außerhalb von ihr, und überall hat man die wahre Lehre.

2. Die junge Frau

Nicht immer muß die Freude an einer jungen Frau am Anfang einer Ehe am größten sein. Alle Frauen, die noch unberührt waren und zum ersten Male berührt werden, sind für mich junge Frauen, gleich, ob es Haupt- oder Nebenfrau, Dienerin oder Freudenmädchen ist, sie alle sind hierin gleich. Es gibt keine größere Freude als die des ersten Zusammenseins; die Freude dieses einen Abends kann wohl viele andere Nächte aufwiegen, genauso aber kann das, was man an diesem einen Abend verdirbt, viele andere Abende aufwiegen. Erst ein Mann, der seine Frau diese Nacht in ungetrübter Freude erleben lassen kann, darf von dem Glück einer jungen Ehe sprechen.

Das Erschließen der unberührten Wildnis, das Beseitigen der Dunkelheit ist schwer, es verlangt, daß man sich ganz hingibt. Man erhofft Lohn, aber man erntet nur unbestimmte Traurigkeit. Ein Mann, der das ganze Leben über nur eine Frau hat, kann einmal eine Schlacht verloren geben. Aber darf ein Mann, der viele Frauen im Hause hat, einer einzelnen Armee unterliegen? Er darf es nicht. Er muß ein guter Mann sein. Und ein guter Mann muß seiner jungen Frau erst die Furcht nehmen, muß sie beruhigen. Auch die Freuden seiner jungen Ehe sollen zuerst so sein wie die einer alten, langgewohnten Ehe. Das Sprichwort sagt: ›Schilt man einen großen Mann, so muß man ihn klein machen; genießt man eine junge Frau, so behandle man sie wie eine alte Frau.‹ Man soll sie erst ansehen, wie man eine alte Frau, mit der man schon lang zusammenlebt, ansieht, dann legt sich ihre Furcht. Erst später, nach ein, zwei Abenden, soll man sie ansehen wie eine junge Braut. Ein Mann, der so seine Frau behandelt, versteht sie richtig zu behandeln.

3. Die Gefahr der zu großen Bindung

Es gibt keine größere Freude als Freude innerhalb der Freude! Wenn für einen Mann die größte Freude eine Frau ist, er aber doch noch etwas anderes hat, das sein Herz bewegt, dann kann seine Freude nie sich so weit entwickeln, daß sie zum Schaden führt. Wenn Mann und Frau beide im Land der größten Seligkeit leben und es keinen anderen Menschen und kein anderes Ding gibt, um das sie sich in ihrem Glück kümmern, so ist dies gefährlich. Dann muß man sich jeden Augenblick fürchten, daß es zu Ende kommt oder etwas dazwischenkommt.

Nur sind die Menschen, die sich ganz dem Glück hingeben können, nicht auch die, die an Kummer denken können; und die, die an Kummer denken können, sind nicht die Menschen, die Glück genießen können. Für alle diese Menschen ist mein Diskurs wertlos. Man muß schon einmal durch solchen Kummer hindurchgekommen sein und selbst seine Bitternis gekostet haben, um das echte Glück genießen zu können. Wenn man einen guten Arzt sucht für einen dreimal gebrochenen Arm, dann gibt es wohl wenig Leute, die in ihrem Beutel noch eine gute Medizin übrig haben. Es ist immer am besten, wenn man sich schon vorher eine Reserve anschafft.

4. Die Gefahr des seelischen Drucks

Wenn man niedergeschlagen und bedrückt ist, will man keine Vergnügungen. Denkt man dann an die Freuden des Ehezimmers, so nicht, weil man selbst Freude daran hat, sondern weil man durch die Situation dazu geführt wird. Aber wenn man Freuden genießt, während man bedrückt ist, erschöpft man sich und schadet sich viel mehr als sonst. Wie kommt das? Dann vereinen sich zwar die Körper, aber die Herzen vereinen sich nicht. Ehe der Mann zum Orgasmus kommt, ist seine Kraft vertan.

Zwingt einmal einen bekümmerten Menschen zum Spaß und zum Lachen. Sein Spaß und Lachen schmerzt ihn noch mehr als sein Kummer. So weiß ich, daß ich über die ehelichen Freuden zur Zeit der Niedergeschlagenheit zwar Regeln aufstellen kann, die aber doch nicht eingehalten werden, außer wenn ich sage, daß man sie weniger oft genießen soll als in anderen Zeiten.

5. Die Liebe und die Kälte

Hunger, Kälte, Trunkenheit und Sattheit sind keine Zeiten, wo man der Liebe pflegen sollte. Wenn es einen aber überkommt und man ihr doch nachgehen möchte, dann ist es bei Kälte und Trunkenheit schließlich noch möglich, nicht aber bei Hunger oder Überfütterung. Bei der Kälte nämlich kommt das Leiden von außen, beim Hunger aber von innen. Bei der Trunkenheit kann man sich an der Kraft des Weins halten, aber bei Überessen gibt es kein Mittel, den Körper leicht zu machen.

Beischlaf ist ja doch ein Kampf. Mit leerem Magen kann man nicht in den Kampf gehen; wenn man zusammen ist, fällt man in Schlaf. Mit vollem Magen kann man nicht schlafen. Wenn der Hunger *nicht* in den Eingeweiden brennt und die Vollheit *nicht* den Magen bedrückt, dann ist es die rechte Zeit für eheliche Freuden.

6. Die Liebe und die Übermüdung

Es ist natürlich, daß man nach äußerster Anstrengung an Ausruhen denkt. Aber das bezieht sich nicht auf solche Menschen, die in Wein oder Weibern versunken sind. Da gibt es Leute, die sich schon wieder ins Land der Wärme und der Weichheit begeben, wenn sie noch vor Atemnot keuchen. Ihre Sinne und ihre Knochen, ihre Nerven und ihre Kraft, ja selbst das Mark in ihren Knochen und der Saft in ihren Lenden erschöpfen sich völlig. Das ist eine Art, sich umzubringen. Man kann zwar nicht im voraus wissen, wann sie erkranken, aber ein jeder von ihnen entwickelt die Krankheit in sich.

Es gibt zwei Wege, diesem abzuhelfen, den langsamen und den schnellen Weg. Wer den langsamen Weg wählt, der läßt ein, zwei Nächte verstreichen. Wer den langsamen Weg nicht wählen will, der sollte durch einen kurzen Schlaf am Tag einen Nachtschlaf ersetzen, oder durch zwei Nickerchen zwei Nächte. Nur durch Schlaf kann man sich wirklich ausruhen. Essen und Trinken oder einfaches Ausruhen sind nicht so gut.

7. Die Liebe und der Sommer

Mäßigkeit sollte man am meisten im kalten Winter üben – und doch ist es gerade im Winter am schwersten, mäßig zu sein. Eheliche Freuden sollte man am meisten im heißen Sommer vermeiden – und doch ist es so einfach im Sommer! Was meine ich damit? In einer Winternacht kann man nicht warm werden außer durch einen anderen Menschen; man klammert sich aneinander, je enger, desto besser. Aber wenn man sich an Türkis lehnt und ans Rote schmiegt, dann kommen Gefühle der Liebe. Zu allen drei Jahreszeiten fühlt man sich ungemütlich, wenn man unbekleidet ist. Nur in der Mitte des Sommers ist man gern leicht bekleidet oder nackt. Wenn man aber nackt ist, dann kommen einem Frühlingsgefühle. Zu diesen beiden Jahreszeiten also sollte man mäßig sein, obwohl es so scheint, als sei es gegen die Natur. Aber Unmaß ist kein Weg, den Körper zu erhalten. Mäßigkeit bedeutet ja doch nur Maßhalten, und wenn man Maß hält, schaden einem Kälte oder Hitze nicht. Ohne Maß bringen einen selbst Wärme und Annehmlichkeit ins Unglück. Mäßigkeit bedeutet Selbstkontrolle. Wer sich kontrollieren kann, der kann jeden Tag Umgang haben, und doch sind seine Nerven stark. Wer es nicht kann, braucht sich nur einmal etwas auszugeben, und schon merken es seine Nerven. Durch Übung im Maßhalten kommt man zur Selbstkontrolle; durch Übung in Selbstkontrolle kommt man zur Natürlichkeit. Dann kann man immer den Anblick von Jade ertragen* und wenn man Muße hat, sich des Wohlgeruchs annehmen. Wer nun dies Buch verabscheut, der soll es ruhig verbrennen und sich nur darüber wundern, warum sich der alte Li Yü vom See** in alles hineinmischt.

Als ich einmal Muße hatte
  und meine Kleider ordnete,
da waren überall Flecken –
  die Farbe zerstört.
Erst dachte ich, es seien Spuren vom Regen,
  der durchs Dach kam.
Als ich genauer hinsah –
  da waren es Spuren von Tränen.

Anmerkungen

14 *Löwengebrüll im Haus:* Der berühmte Dichter Su Dung-po (1036–1101) gebrauchte diesen Ausdruck in einem Gedicht über einen Pantoffelhelden, um dessen häusliche ›Freuden‹ zu beschreiben.

16 *Hsiang von Tschu:* Herrscher eines mittelchinesischen Lehensstaates im 1. Jahrtausend v. u. Z., der im Traum auf einem Berg auf einer ›Liebesterrasse‹ (Yang-t'ai) eine Fee getroffen haben soll – ein Erlebnis, das von dem Dichter Sung Yü beschrieben wurde und zum Symbol des großen Liebeserlebnisses geworden ist.

20 *Hsi-shih:* eine Schönheit, die ein König von Yüeh seinem Gegner, einem König von Tschu, zusandte, nachdem er sie drei Jahre lang in allen Frauenkünsten ausgebildet hatte. Sie sollte den König von Tschu ablenken von der Politik. Dung-shih, sonst nicht weiter bekannt, ist ihr Gegenstück – berühmt durch ihre Häßlichkeit.

25 Li Yü spricht hier im Sinn der altchinesischen medizinischen Theorien. Beachtenswert ist, daß er nicht an direkte Vererbung zu glauben scheint. Sein Vorschlag, daß Mädchen mit dunklerer Komplexion im Haus bleiben und nicht viel an die Sonne gehen sollen, wird wenn möglich noch immer eingehalten – und war auch in Europa be-

kannt. Das weiter unten genannte ›Wolkenmutter‹ ist Glimmer, als Medizin gebraucht.

34 Die *Goldlotos* genannten winzigen Füße der Chinesinnen waren eine Mode des Hofes vom Mittelalter an, die sich allmählich immer weiter verbreitete. Die Füße wurden von früher Jugend an so stark zusammengebunden, daß sie verkrüppelten und klein blieben. Die Abschaffung dieser Mode war eines der Ziele der jungen Revolutionäre von 1911. Heute sieht man solche Füße nur noch bei sehr alten Frauen in abgelegenen Gegenden.

41 *König im Staate Tschu*: Diese Geschichte wird von drei verschiedenen Königen von Tschu berichtet. Einer der ältesten Texte sagt: ›Der König Ling von Tschu schätzte bei seinen Beamten schlanke Taillen, deshalb beschränkten diese sich alle auf eine einzige Mahlzeit. Sie atmeten ein, wenn sie sich den Gürtel um die Hüften legten, und mußten sich an der Wand halten, um aufzustehen. Nach Verlauf eines Jahres zeigten sie bei Hofe eine beängstigende, aschfahle Farbe‹ (Mê Ti, Kapitel 15; Übersetzung A. Forke, S. 247). Dieser Herrscher regierte von 539–527 v. u. Z. Aber schlanke Hüften waren auch im 13. Jahrhundert wieder einmal Mode; die Idealweite des Umfangs war, wie Dichter uns sagen, 50 cm. Hier war es zweifellos eine Frauenmode; ob in der alten Zeit die schlanken Taillen Frauen- oder, wie unser Text andeutet, Männermode waren, ist nicht sicher. Li Yü denkt an Frauenmode.

48 *Päonienkopf, Lotoskopf, Almosenschalenkopf:* Besonders der Päonienkopf, aber auch der Almosenschalenkopf waren große Mode im späteren
17. Jahrhundert. Diese Moden scheinen sich aus
Su-chou über China verbreitet zu haben: Su-chou
war eines der großen Modezentren der Zeit.

53 Dieser Abschnitt ist voll von Anspielungen, die
jedem Chinesen verständlich sind, uns aber nicht
unbedingt. Der Drache ist ein männliches Tier der
chinesischen Mythologie, aber repräsentiert zugleich auch die Fruchtbarkeit: Er fliegt auf im
Frühjahr (am 2. Tag des 2. Monats des chinesischen Kalenders, etwa im März), er bringt damit
den befruchtenden Frühlingsregen. Er streift im
Sommer am Himmel umher, bringt Donner und
Regen und Wolken. Er legt sich im Herbst zum
Winterschlaf, er liegt verborgen im Winter. Er
kann auch mit der Sonnenkugel spielen, so wie die
Sonne zwischen Wolken stehen kann, bald von
der einen, bald von der anderen verschlungen. Die
Frisuren, die hier beschrieben sind, symbolisieren
also den Lauf des Jahres, ohne daß Li Yü den Sym-
bolismus so weit treibt, daß er für jede Jahreszeit
eine symbolische Frisur vorschreibt.

Wenn der Drache Wolken bringt und Regen,
denkt der Chinese wieder an die Liebesterrasse
und den Traum des Königs von Tschu, dessen Fee
Wolken und Regen zu ihm brachte: ›Wolken und
Regen‹ ist das Symbol des geschlechtlichen Spiels
und der Vereinigung.

55 Die Rose hat in China nicht die poetische Bedeutung wie im Westen. Rosenwasser und Rosenöl wurden viel benutzt, waren aber sehr teuer, weil die besten Qualitäten aus dem Nahen Osten importiert wurden.

57 Li-dschi, auch Lai tschi (englisch Lichee) geschrieben, ist die Frucht des Erdbeerbaumes.

69 Blonde oder gelbe Haare gelten in China als Zeichen des Alters und daher als unschön.

87 In der Han-Zeit war eine Bahn Stoffes rund 50 cm breit (Han-Shu 24b, 1a).

88 Zitat aus einem Gedicht des Buchs der Lieder, in dem die unzureichende Bekleidung, die den Unterkörper nicht bedeckt, getadelt wird.

91 Soweit bekannt, kommt der Ausdruck von einem Tanz, bei dem die Tänzerinnen auf einem mit Lotosblumen verzierten Teppich tanzten und mit ihren Füßen im Herzen der Blüte stehen mußten. Dazu mußten die Füße klein und spitz sein, wodurch wiederum die Mode der gebundenen und kleinen Füße entstand.

96 Mit *Seide und Bambus* ist ernste Musik ohne Tanz, etwa Kammermusik, gemeint.

105 Die Tang-Zeit dauerte von 618–906, die Sung-Zeit von 960–1278. Unter früher Tang-Zeit werden die drei Perioden frühe, mittlere und Blüte der Tang verstanden. Die noch früheren Gedichte sind solche der Han-Zeit (206 v. u. Z.–220 n. u. Z.), der Wei-Zeit (220–265) und der Djin-Zeit (265–420).

106 Dies sind einige der bekanntesten Lieder dieses
›tsï‹ genannten Stiles, die von der späten Tang-
Zeit an zu den verschiedensten Texten gesungen
wurden.

107 *Handunterhaltung* bezieht sich auf Schachspielen,
kann aber auch Kartenspiele bedeuten.

110 Dies bezieht sich auf den I-yang-Stil der Opern-
musik. Die alten Arien sind die im Kun-Stil gehal-
tenen.

114 *Bo-ya:* ein Mann des Altertums aus Tschu, der so
gut spielte, daß er die Fische aus dem Wasser
lockte. Sein Freund Dschung Dsi-tji konnte seine
Gedanken erraten, wenn er ihn spielen hörte.
Nach Dschungs Tod spielte Bo-ya nie wieder. Der
Dichter Sï-ma Hsiang-ju spielte so wundervoll,
daß Wen-djün, ein Mädchen aus reichem Hause,
weglief, um mit ihm ein Leben in Armut zu führen.

129 *Jade* bedeutet eine schöne, unberührte Frau;
Wohlgeruch eine schöne Frau.

Li Yü lebte zeitweilig in Hang-dschou am West-
See und nahm den Beinamen ›Der Fischer am See‹
an: Li Li-wong.

Inhalt

ISBN 3-378-00330-8

Gustav Kiepenheuer Verlag, Leipzig und Weimar
Erste Auflage
Lizenz Nr. 396/265/37/89   LSV 7281
Lichtsatz und Druck: Druckwerkstätten Stollberg
Einband: Buchbinderei Südwest, Leipzig
Schrift: Garamond
Gestaltung: Ursula Lemnitz
Printed in the German Democratic Republic
Bestell-Nr. 812 295 5
01280